DE GAULLE
À LONDRES

Le souffle de la liberté

Suivi éditorial : Grégory Berthier-Gabrièle
Corrections : Céline Delautre

ISBN : 978-2-262-03254-8

Jean-Pierre Guéno

DE GAULLE À LONDRES

Le souffle de la liberté

Mise en images Jérôme Pecnard

PERRIN
www.editions-perrin.fr

Sommaire

Introduction

Plus encore qu'aux plages du Débarquement, c'est à la détermination dont la population britannique a fait preuve en 1940 que nous devons notre liberté.

De Gaulle à Londres. C'est l'histoire d'un homme seul, c'est l'histoire d'un homme révolté, c'est l'histoire d'un homme déterminé, d'un général de brigade à titre temporaire, d'un sous-secrétaire d'État en rupture de gouvernement qui va devenir, à partir du 17 juin 1940, l'âme, la voix et le souffle de la France Libre en utilisant le pouvoir des plus belles armes que l'homme ait su créer, celui des mots.

Pour Charles de Gaulle, Londres n'est pas seulement une terre d'exil provisoire : elle est celle du renouveau. Alors que Saint-Exupéry écrit que la France « n'est plus que silence », qu'elle est « perdue quelque part dans la nuit, tous feux éteints, comme un navire », que « sa conscience et sa vie spirituelle se sont ramassées dans son épaisseur », de Gaulle parle. Il devient le phare de la liberté.

Il sait déjà que la France occupée, que le monde libre, que l'Afrique et les États-Unis finiront par balayer la machine nazie.

Il sait déjà qu'il ne suffira pas de gagner la guerre : il faudra gagner la paix et, en particulier, la paix sociale, et cette bataille-là sera sans doute beaucoup plus longue, plus laborieuse et encore plus complexe que la première. Et, dans ses discours radiophoniques, de 1940 à 1943, de Gaulle le rebelle, de Gaulle le révolutionnaire bâtit déjà les fondations de la Ve République : celle qui prendra forme en 1958 et dont le cycle n'est pas achevé.

Il paraissait indispensable, 70 ans après cette épopée de la France Libre qui a germé sous le climat britannique, de retrouver les mots du libérateur, l'album de sa famille, la trace des lieux qui l'ont hébergé et la silhouette de ses tout premiers compagnons, sur la toile de fond sanglante et chaotique d'une Angleterre en guerre et de sa capitale ravagée par les bombes du Blitz.

Les décombres de Londres en 1940 ont un point commun avec ceux de Dresde en février 1945 et ceux d'Hiroshima en août 1945. Ils sont les ruines symptomatiques du XXe siècle, les signes distinctifs d'une période de l'histoire où le totalitarisme et le matérialisme ont pu donner à penser qu'ils arriveraient à nier les valeurs fondamentales de la liberté, du travail des hommes, de leur spiritualisme, de leur idéalisme et de leur humanisme. Lorsqu'il nous rappelle qu'il convient que le travail ait, dans une entreprise, les mêmes droits que le capital et que les richesses collectives indispensables à la prospérité et à la survie de toute société organisée ne soient pas accaparées par des intérêts particuliers, des trusts ou des oligopoles, lorsque ses analyses montrent qu'une certaine forme de libéralisme débridé peut devenir liberticide, et qu'en fin de compte il est indispensable que l'esprit triomphe sur la matière, de Gaulle nous délivre du fond des années quarante les antidotes à certains poisons de la société de ce début de troisième millénaire. Il ébauche depuis Londres les fondations d'un véritable projet de contrat social et de développement durable qui reste en 2010 d'une actualité brûlante et d'une incroyable pertinence, comme si les hommes de bonne volonté qui gèrent aujourd'hui le devenir de l'humanité n'avaient pas encore donné toutes les réponses que méritaient les multiples appels de l'homme du 18 Juin.

Jean-Pierre Guéno

Gagner la guerre !

« Rien n'est perdu, parce que cette guerre est une guerre mondiale. Dans l'univers libre, des forces immenses n'ont pas encore donné. Un jour, ces forces écraseront l'ennemi.

Charles de Gaulle, *L'Appel affiché,* juillet 1940

Monsieur Hitler, l'ennemi mortel de la France, a dit un jour ceci que nous n'avons pas oublié : « Quand la défaite a fondu sur un peuple et que, tout entier, il accepte de la subir, son destin est scellé : jamais plus il ne remontera la pente de la servitude ! Mais tant que des hommes résolus — ne fussent-ils qu'une poignée — rejettent le joug et, coûte que coûte, poursuivent le combat, alors, par exemple, rien, non, rien n'est perdu. »

Discours du général de Gaulle, 24 mars 1942

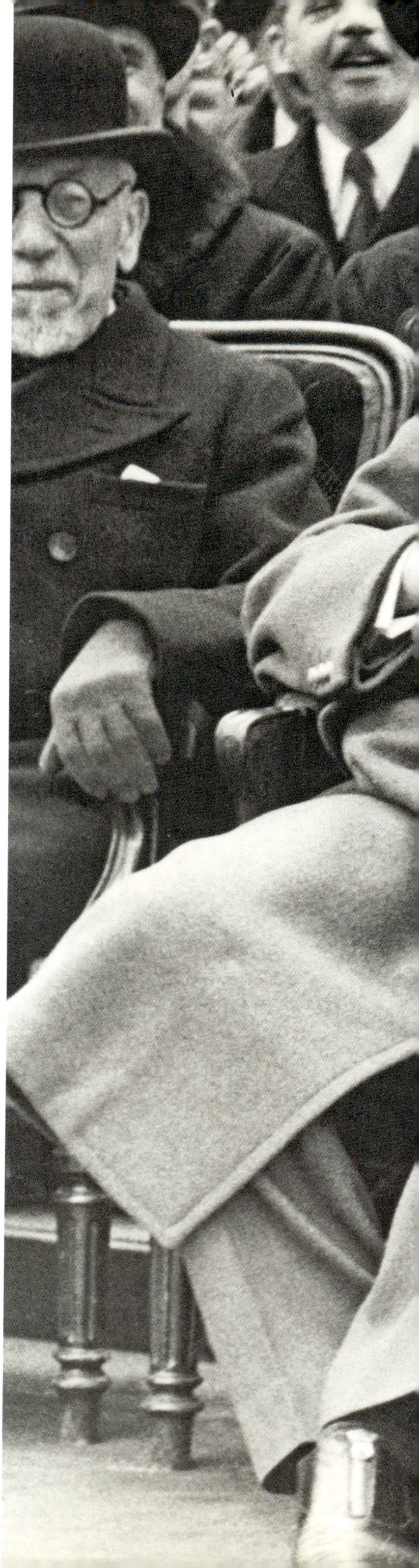

Bordeaux-Londres

Depuis le 5 juin 1940, il est « général de brigade à titre temporaire » et le président du Conseil Paul Reynaud l'a nommé sous-secrétaire d'État au ministère de la Défense nationale : une sorte de ministre adjoint de la Guerre… Il est envoyé à Londres le 16 juin pour négocier avec les Anglais des moyens d'évacuation des troupes françaises vers l'Afrique du Nord. Quand il revient à Bordeaux le 17 juin, il apprend que Paul Reynaud a démissionné, qu'il va être remplacé par Pétain et que l'armistice est proche. Il décide alors de repartir à Londres pour continuer le combat. Son avion quitte Bordeaux vers 15 heures. Il survole La Rochelle, Rochefort puis la Bretagne et le village de Paimpont où sa mère s'est réfugiée, très malade. Son avion effectue une escale à Jersey pour faire le plein. Lorsqu'il redécolle, il échappe de peu à la chasse allemande, mais il est entre de bonnes mains puisque Churchill a mis à sa disposition Edward Fielden, l'ancien pilote du roi d'Angleterre. Il atterrit vers 12 h 30 sur l'aérodrome d'Heston, dans le Middlesex, dans la banlieue nord-ouest de Londres.

Charles de Gaulle avec le brigadier Edward Spears, Londres, 17 juin 1940.

Le gouvernement de Paul Reynaud, juin 1940.

Le premier allié : Winston Churchill

Winston Churchill a soixante-six ans en 1940. Fils d'un grand aristocrate britannique et d'une roturière américaine, il a fait des études laborieuses avant d'entrer au Royal Military College de Sandhurst en 1894. Tour à tour journaliste et officier, il se bat comme un lion tant au Soudan qu'en Afrique du Sud. Élu député en 1900, il devient ministre et exerce de très hautes responsabilités en alternance avec des traversées du désert. Pendant la Grande Guerre, Churchill se bat dans les Dardanelles, puis redevient ministre et député pendant l'entre-deux-guerres. Personne ne l'écoute lorsqu'il dénonce les dangers du nazisme dès 1933. Nommé Premier ministre le 10 mai 1940, il arrive à faire triompher l'idée de poursuivre la lutte contre Hitler plutôt que de traiter avec lui. Malgré des relations parfois compliquées, il devient dès juin 1940 le soutien déterminant de l'action du général de Gaulle et de celle de la France Libre.

Bien que de vastes étendues de l'Europe et plusieurs nations glorieuses et vénérées soient tombées ou risquent de tomber dans les griffes de la Gestapo et sous l'odieuse férule de la domination nazie, on ne nous verra ni faiblir ni faillir. Nous irons jusqu'au bout, nous nous battrons en France, nous nous battrons sur les mers et sur les océans, nous nous battrons avec toujours plus d'assurance et toujours plus de force dans les airs, nous défendrons notre île, quoi qu'il puisse nous en coûter, nous nous battrons sur les grèves, nous nous battrons sur les terrains de débarquement, nous nous battrons dans les champs et dans les rues, nous nous battrons sur les collines ; nous ne nous rendrons jamais, et même s'il arrivait, ce que je ne crois pas un seul instant, que cette île tout entière ou en grande partie fût réduite en esclavage et condamnée à la famine, alors notre Empire au-delà des mers, armé et protégé par la flotte britannique, poursuivrait la lutte jusqu'au moment, jusqu'à l'heure choisie par Dieu, où le Nouveau Monde, avec toute sa puissance et de toutes ses forces, s'élancera pour sauver le Vieux Monde et lui rendre la liberté.

Winston Churchill aux Communes, 4 juin 1940

J'ai eu l'impression que, sous son attitude impassible et impénétrable, de Gaulle possédait une surprenante sensibilité à la douleur. Cette impression se confirma lorsque je me trouvai en contact avec cet homme très grand et flegmatique, et je pensai : « Voilà le Connétable de France. »

Winston Churchill, *Mémoires de guerre*

> De Gaulle emportait avec lui l'honneur de la France.
>
> Winston Churchill
>
> *Je ne vous lâcherai pas. Vous pouvez compter sur moi.*
>
> Winston Churchill

La décision

Charles de Gaulle a quarante-neuf ans. On pourrait ne voir en lui qu'un militaire de haut rang rétrogradé en terre étrangère, un sous-secrétaire d'État sans portefeuille, un insurgé, un officier rebelle. Le père d'une famille qui vient de s'exiler, d'un fils en âge de combattre, d'une étudiante et d'une enfant handicapée. Il est tout cela à la fois. Mais le général de Gaulle prend ses responsabilités, dans un contexte où plus d'un million de soldats français ont été faits prisonniers, où plus de 8 millions de civils fuient sur les routes et où les Allemands se ruent vers la Méditerranée… Quand il prend la décision de récuser ses chefs, de réquisitionner provisoirement le pouvoir, le rebelle a déjà dans l'esprit les justifications qui émailleront ses discours jusqu'à la fin de l'année 1940.

« Devant la confusion des âmes françaises, devant la liquéfaction d'un gouvernement tombé sous la servitude ennemie, devant l'impossibilité de faire jouer nos institutions, moi, général de Gaulle, soldat et chef français, j'ai conscience de parler au nom de la France.

Discours du général de Gaulle à la radio de Londres, 19 juin 1940

Dans l'immense bouleversement, ne valent, ne marquent, ne comptent, que les hommes qui savent penser, vouloir, agir, suivant le rythme terrible des événements. Les autres seront balayés.

Discours du général de Gaulle à la radio de Londres, 3 août 1940

Puisque ceux qui étaient nos chefs ont, par panique, vieillesse ou désespoir, renoncé à leur devoir, nous avons décidé, dans la honte et dans la douleur, de ne plus les reconnaître.

Discours du général de Gaulle à la radio de Brazzaville, 11 novembre 1940

J'exercerai mes pouvoirs au nom de la France et uniquement pour la défendre, et je prends l'engagement solennel de rendre compte de mes actes aux représentants du peuple français dès qu'il lui aura été possible d'en désigner librement.

Charles de Gaulle, *Manifeste relatif à la direction de l'effort français dans la guerre*, lancé de Brazzaville, 27 octobre 1940

« J'invite tous les Français qui veulent rester libres à m'écouter et à me suivre.

Appel du 22 juin 1940

La fin du printemps

17 juin 1940 : Londres est une ville en guerre depuis le 3 septembre 1939. Une ville qui se prépare au déchaînement d'une boucherie qui a déjà décimé ses soldats sur les plages de Dunkerque, mais qui n'a pas encore meurtri les immeubles et les avenues des villes et de leurs banlieues. Une ville encore paisible qui fourbit ses défenses passives et actives. Un moment de calme relatif avant la tempête. C'est dans cette atmosphère que Charles de Gaulle s'installe avec ses deux cantines à l'hôtel Rubens : dans une ville pleine d'uniformes, de réfugiés, de police militaire, de défenses antiaériennes, de sacs de sable, de barbelés, d'abris souterrains, d'exercices d'alerte et d'enfants que l'on évacue vers la campagne…

AFS

SER

VICE.
M
Agents
AUS
HILLM
ROY
RI
STAN
EXP

Le premier appel

18 juin 1940. Londres. Studios de la BBC. 18 heures : Churchill autorise Charles de Gaulle à s'exprimer sur les antennes de la radio. Le Général prend la parole. Son appel est diffusé, après avoir sans doute été en partie corrigé par ses soins à la demande du gouvernement britannique pour des raisons « diplomatiques ». Il n'est d'ailleurs ni enregistré ni photographié : le portrait qui l'immortalise au micro date d'octobre 1941…

Les chefs qui, depuis de nombreuses années, sont à la tête des armées françaises, ont formé un gouvernement. Ce gouvernement, alléguant la défaite de nos armées, s'est mis en rapport avec l'ennemi pour cesser le combat. Certes, nous avons été, nous sommes, submergés par la force mécanique, terrestre et aérienne, de l'ennemi. Infiniment plus que leur nombre, ce sont les chars, les avions, la tactique des Allemands qui nous font reculer. Ce sont les chars, les avions, la tactique des Allemands qui ont surpris nos chefs au point de les amener là où ils en sont aujourd'hui.

Mais le dernier mot est-il dit ? L'espérance doit-elle disparaître ? La défaite est-elle définitive ? Non !

Croyez-moi, moi qui vous parle en connaissance de cause et vous dis que rien n'est perdu pour la France. Les mêmes moyens qui nous ont vaincus peuvent faire venir un jour la victoire.

Car la France n'est pas seule ! Elle n'est pas seule ! Elle n'est pas seule ! Elle a un vaste Empire derrière elle. Elle peut faire bloc avec l'Empire britannique qui tient la mer et continue la lutte. Elle peut, comme l'Angleterre, utiliser sans limites l'immense industrie des États-Unis.

Cette guerre n'est pas limitée au territoire malheureux de notre pays. Cette guerre n'est pas tranchée par la bataille de France. Cette guerre est une guerre mondiale. Toutes les fautes, tous les retards, toutes les souffrances, n'empêchent pas qu'il y a, dans l'univers, tous les moyens nécessaires pour écraser un jour nos ennemis. Foudroyés aujourd'hui par la force mécanique, nous pourrons vaincre dans l'avenir par une force mécanique supérieure. Le destin du monde est là.

Moi, général de Gaulle, actuellement à Londres, j'invite les officiers et les soldats français qui se trouvent en territoire britannique ou qui viendraient à s'y trouver, avec leurs armes ou sans leurs armes, j'invite les ingénieurs et les ouvriers spécialistes des industries d'armement qui se trouvent en territoire britannique ou qui viendraient à s'y trouver, à se mettre en rapport avec moi.

Quoi qu'il arrive, la flamme de la résistance française ne doit pas s'éteindre et ne s'éteindra pas.

Demain, comme aujourd'hui, je parlerai à la radio de Londres.

Discours prononcé à la radio de Londres, 18 juin 1940.

« À 18 heures, je lus au micro le texte que l'on connaît. À mesure que s'envolaient les mots irrévocables, je sentais en moi-même se terminer une vie, celle que j'avais menée dans le cadre d'une France solide et d'une indivisible armée. À quarante-neuf ans, j'entrais dans l'aventure, comme un homme que le destin jetait hors de toutes les séries.

Mémoires de guerre

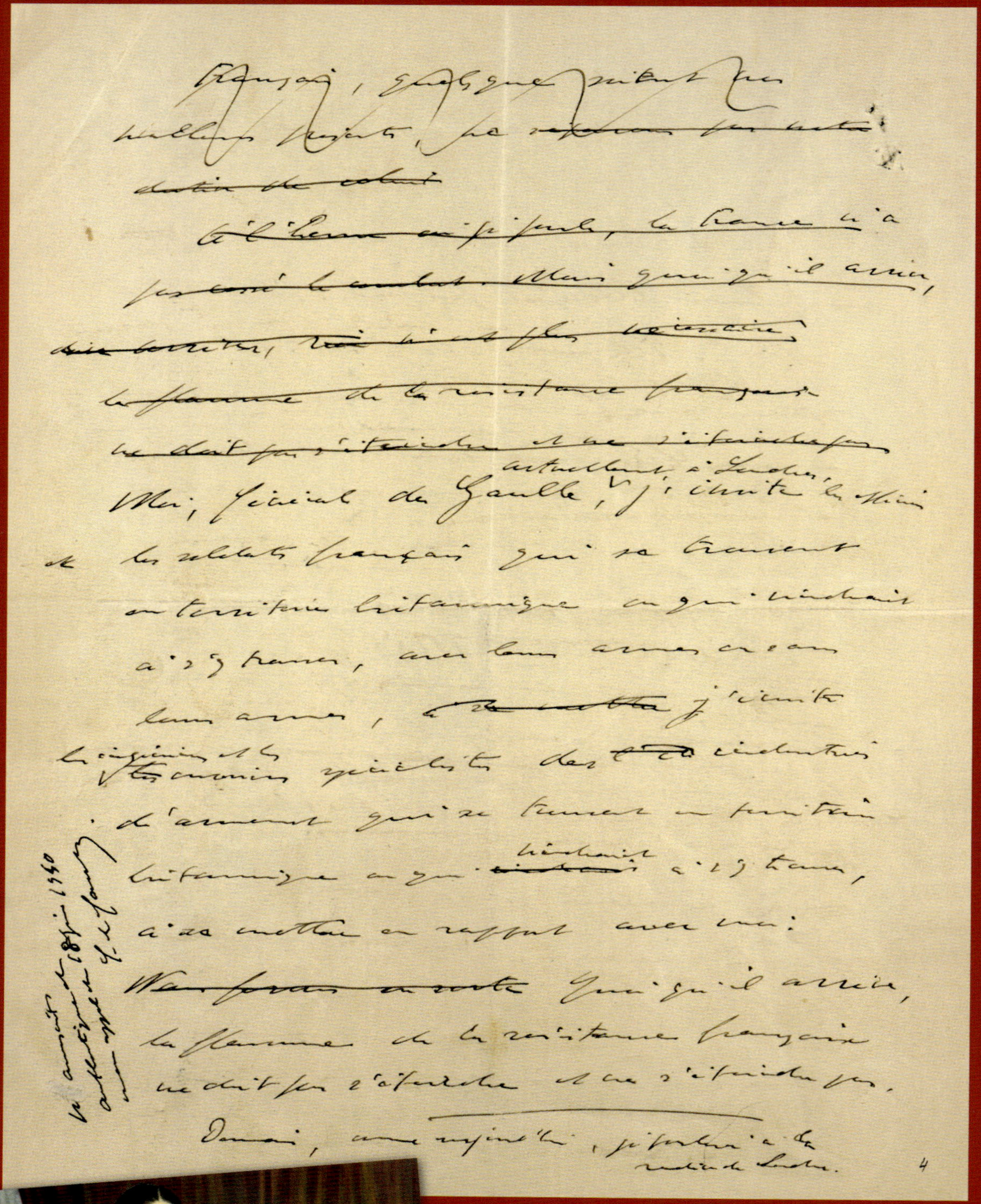

Français, quels que soient vos malheurs respectifs, ne ~~...~~

~~...~~

Moi, Général de Gaulle, actuellement à Londres, j'invite les officiers et les soldats français qui se trouvent en territoire britannique ou qui viendraient à s'y trouver, avec leurs armes ou sans leurs armes, j'invite les ingénieurs et les ouvriers spécialistes des industries d'armement qui se trouvent en territoire britannique ou qui viendraient à s'y trouver, à se mettre en rapport avec moi.

Quoi qu'il arrive, la flamme de la résistance française ne doit pas s'éteindre et ne s'éteindra pas.

Demain, comme aujourd'hui, je parlerai à la radio de Londres.

4

Premier feuillet du manuscrit original de l'Appel du 18 juin, authentifié par le général de Gaulle.

Ce premier tirage de l'affiche de l'appel à tous les Français est souvent confondu avec le texte de l'Appel du 18 juin.
Il a été réalisé à 1 000 exemplaires et placardé dans Londres à partir du 3 août 1940.

Le déshonneur

Le 22 juin 1940, à 18h52, le maréchal Keitel et le général Huntziger signent l'armistice à Rethondes : là même où avait été signé l'armistice de 1918. Ce traité condamne les prisonniers de guerre à la captivité jusqu'à la fin de la guerre. Il coupe la France en deux et livre à l'Allemagne les 3/5e du territoire. Il met l'armée allemande d'occupation à la charge de la France à hauteur de 400 millions de francs par jour. Il désarme ce qui reste de son armée, mais conduit de fait à la collaboration avec l'ennemi. Il enferme sa marine dans ses ports d'attache. Il implique la livraison des réfugiés politiques allemands et autrichiens aux nazis. Il ne laisse à la France vaincue que l'autorité théorique sur son empire. Quatre mois plus tard, le 24 octobre 1940, à Montoire, la France connaîtra la suite logique de cet armistice : la poignée de main historique entre Hitler et Pétain, au cours de laquelle Pétain évoqua allusivement ce « mauvais Français » qu'était de Gaulle, consacra le vrai début de la collaboration entre l'État français et le Troisième Reich.

Montoire, 22 octobre 1940 : Pierre Laval, ministre des Affaires étrangères, serre la main d'Adolf Hitler.

Montoire, 24 octobre 1940 : le maréchal Pétain, chef de l'État français, serre la main d'Adolf Hitler.

« Cet armistice est déshonorant. Les deux tiers du territoire livrés à l'occupation de l'ennemi, et de quel ennemi ! Notre armée démobilisée. Nos officiers et nos soldats prisonniers maintenus en captivité. Notre flotte, nos avions, nos chars, nos armes, à livrer intacts, pour que l'adversaire puisse s'en servir contre nos propres Alliés. La Patrie, le Gouvernement, réduits à la servitude.

Discours du général de Gaulle à la radio de Londres, 26 juin 1940

Prétendre que la France puisse être et demeurer la France sous la botte de Hitler et le sabot de Mussolini, c'est de la sénilité ou bien de la trahison.

Discours du général de Gaulle à la radio de Londres, 23 juillet 1940

Les vieillards de Vichy ? S'étant enchaînés eux-mêmes à la monture des vainqueurs, ils n'ont plus pour raison d'être que de recevoir avec humilité les coups de pied du cheval de Hitler et de l'âne de Mussolini.

Discours du général de Gaulle, 9 septembre 1940

Rethondes, 22 juin 1940 : le général Huntziger signe l'armistice pour la France.

La honte

La France est groggy. Huit millions de Français en exode qui s'étaient rués sur les routes en convergeant souvent vers la Loire vont regagner laborieusement leur domicile. L'armée française, qui a perdu 100 000 soldats en 45 jours de combat, a causé plus de pertes quotidiennes allemandes que n'en fera la campagne de Russie en 1941, soit près de 55 000 morts, plus de 111 000 blessés et plus de 18 000 disparus ou prisonniers. Sa résistance à Dunkerque a permis de sauver et d'évacuer 340 000 soldats alliés. À Abbeville, le colonel de Gaulle a réussi à faire reculer les positions allemandes. Sur la Loire, quelques centaines de cadets de Saumur ont bloqué pendant quelques heures 40 000 soldats ennemis. Et pourtant la France va être livrée à l'Allemagne ; 1,8 million de soldats français seront envoyés dans les stalags. Charles de Gaulle éprouve un sentiment de honte, à l'image d'un certain nombre de Français.

« Beaucoup de Français n'acceptent pas la capitulation ni la servitude, pour des raisons qui s'appellent : l'honneur, le bon sens, l'intérêt supérieur de la Patrie.

Discours du général de Gaulle à la radio de Londres, 22 juin 1940

La France est comme un boxeur qu'un coup terrible a terrassé. Elle gît à terre. Mais elle sait, elle sent, qu'elle vit toujours d'une vie profonde et forte. Elle sait, elle sent, que l'affaire n'est pas finie, que la cause n'est pas entendue. Elle sait, elle sent, qu'elle vaut beaucoup mieux que la servitude acceptée par le gouvernement de Bordeaux.

Discours du général de Gaulle à la radio de Londres, 24 juin 1940

Le peuple français s'aperçoit que la restauration du pays est totalement impossible sous le régime des armistices. Il s'aperçoit qu'il n'y aura pour lui qu'écrasement et que misère, tant que l'ennemi sera sur son sol et tant que ceux qui collaborent avec l'ennemi détiendront ce qu'ils appellent le pouvoir.

Discours du général de Gaulle à la radio de Londres, 16 août 1940

La France à reconquérir

Le 13 mai 1940, Churchill n'avait pas hésité à dire à son peuple : « Je n'ai rien d'autre à offrir que du sang, du travail, de la sueur et des larmes. Nous avons devant nous une épreuve des plus douloureuses. Nous avons devant nous de nombreux et longs mois de combat et de souffrance. » Cette phrase lui avait été inspirée par Théodore Roosevelt : le général de Gaulle aurait pu la reprendre à son compte.

« Nous sommes au début d'un effort actif et passif de longue durée. Cet effort sera acharné. Cet effort ira s'étendant et s'accroissant jour après jour. Cet effort mènera à la libération de la Patrie écrasée et à la restauration de la liberté en Europe.

Discours du général de Gaulle à la radio de Londres, 23 juillet 1940

La France est la France. Il y a en elle un ressort secret qui depuis toujours étonna le monde et qui n'a pas fini de l'étonner. La France, écrasée, humiliée, livrée, commence à remonter la pente de l'abîme.

Discours du général de Gaulle à la radio de Londres, 27 août 1940

Chacun de nous est un homme qui lutte et qui souffre – Oui ! Qui lutte et qui souffre non pour lui-même mais pour tous les autres.

Discours du général de Gaulle à la radio de Londres, 29 novembre 1940

« Si compacte est maintenant la résolution du pays que les portes mêmes de l'enfer ne prévaudront pas contre elle.

Discours prononcé au Kingsway Hall à Londres le 1er mars 1941
et diffusé sur la BBC le 12 mars 1941

Aujourd'hui, malgré la faim, l'oppression, l'infâme propagande, ce sont les travailleurs français, ceux de la terre, ceux des usines, ceux des transports, qui donnent, au milieu des ennemis et des traîtres qui les servent, l'exemple de la résistance, qui forment les troupes et arment les navires de la France toujours combattante et qui, par tant de sacrifices, dont les plus obscurs sont aussi les plus grands, maintiennent, malgré tout, l'honneur, la gloire, la majesté du peuple français.

Discours du général de Gaulle à la radio de Londres, 30 avril 1942

La flamme de la résistance

28 juin 1940. Dix jours après le premier appel du général de Gaulle, Londres et Churchill le reconnaissent officiellement. Il est le chef des Français libres. Sa voix a traversé les mers. Il a allumé la flamme de la résistance, encouragé sans aucun doute par l'exemple, la bravoure et la ténacité du peuple anglais qui communique au reste du monde le souffle de la révolte et de la liberté. Il ne sait pas encore que le jour même de son Appel du 18 juin, le jeune préfet de Chartres s'était tranché la gorge pour ne pas finir par céder sous la torture nazie. Jean Moulin sauvé de justesse par ses bourreaux venait de naître en Résistance…

Recrutement de soldats volontaires, Londres, 1940.

« Le devoir de chaque Français, le devoir de chaque Française, est aujourd'hui identique à ce qu'il était hier. Mais il est plus évident. Le devoir de chaque Français, le devoir de chaque Française, est de lutter activement par tous moyens en son pouvoir à la fois contre l'ennemi lui-même et contre les gens de Vichy qui sont les complices de l'ennemi. À ces gens-là, comme à l'ennemi, les Français ne doivent rien, excepté de les chasser et, en attendant, de saboter leurs ordres et de haïr leurs figures. La libération nationale ne peut être séparée de l'insurrection nationale.

Discours du général de Gaulle à la radio de Londres, 18 avril 1942

L'honneur, le bon sens, l'intérêt de la Patrie commandent à tous les Français libres de continuer le combat, là où ils seront et comme ils pourront.

Discours du général de Gaulle à la radio de Londres, 22 juin 1940

Il faut qu'il y ait un idéal. Il faut qu'il y ait une espérance. Il faut que, quelque part, brille et brûle la flamme de la Résistance française.

Discours du général de Gaulle à la radio de Londres, 24 juin 1940

Ce qu'il reste d'hommes libres n'a plus le choix qu'entre le triomphe ou la servitude.

Discours du général de Gaulle à la radio de Londres, 13 octobre 1941

Mers el-Kébir et Dakar

4 juillet 1940. Après l'armistice, craignant que les Allemands ne s'emparent de la flotte française, la marine anglaise attaque l'escadre française au mouillage à Mers el-Kébir. Cinq bateaux sont coulés ou neutralisés. 1 380 marins français sont tués. La marine britannique occupe ensuite par surprise des navires français ancrés dans des ports britanniques. Dans les jours qui suivent la tragédie de Mers el-Kébir, le recrutement des volontaires qui rejoignent la France Libre décroît considérablement…

Du 23 au 25 septembre 1940, le général de Gaulle entreprend avec les Anglais une tentative de débarquement « pacifique » à Dakar. C'est l'échec. L'opération tourne à la bataille rangée. Elle fait plusieurs centaines de morts et de blessés et renforce le malaise consécutif à Mers el-Kébir.

« En vertu d'un engagement déshonorant, le gouvernement de Bordeaux avait consenti à livrer les navires à la discrétion de l'ennemi. Il n'y a pas le moindre doute qu'en principe et par nécessité l'ennemi les aurait employés soit contre l'Angleterre, soit contre notre propre Empire. Eh bien, je le dis sans ambages, il vaut mieux qu'ils aient été détruits.

Discours du général de Gaulle, 8 juillet 1940

“J’éprouvais les impressions d’un homme qui reçoit sur la tête la pluie des tuiles tombant du toit.

Mémoires de guerre

C’était dans nos espoirs un terrible coup de hache.

Mémoires de guerre

Condamné à mort

Un coup de hache n'arrive jamais seul. La solitude de Charles de Gaulle s'accroît. Il est le rebelle de Londres. Le 4 juillet 1940, les officiers généraux convoqués par ordre formel pour le châtier font preuve d'indulgence : ils le condamnent à quatre ans de prison et à 100 francs d'amende. Ce verdict trop bienveillant irrite le nouveau pouvoir qui se pourvoit en cassation. Le recours étant rejeté, le gouvernement de Vichy le traîne devant une autre juridiction. Le 2 août 1940, il est condamné à mort par contumace et à la confiscation de ses biens.

« Massilia »
parlementaires ont été menés en bateau
C'est bien leur tour !

Paris-soir

Numéro 44 ★

★ 37, rue du Louvre, Paris (2e)

E GENERAL DE GAULLE condamné à mort ar un nouveau tribunal militaire

VICHY, 3 Août.

Inculpé de trahison, d'agression à la eté extérieure de l'Etat pour une puis-ace étrangère en temps de guerre, le néral de Gaulle a été condamné par ntumace à la peine de mort, à la gradation militaire et à la confiscation ses biens.

La condamnation a été prononcée ar le tribunal militaire de la 13e région, égeant à Clermont-Ferrand.

Le général de Gaulle a été condam-é en vertu des articles 71 et 79 du Code énal et de l'article 195 du Code de ustice militaire.

Heidelberg bombardé par l'aviation anglaise

BERLIN, 3 Août.

A l'aube du 30 juin, la ville de Heidelberg a été attaquée par des aviateurs anglais. Plusieurs bom-bes sont tombées dans différents quartiers et ont endommagé plu-sieurs maisons. Une personne a été blessée.

La réputation de Heidelberg dé-passe les frontières allemandes. Elle le doit à sa beauté pittores-que et son architecture datant du moyen âge. Tous les étrangers, surtout les Américains, prennent grand plaisir à visiter cette ville. On ne comprend quel but l'avia-tion anglaise poursuivait en bom-bardant cette ville paisible sur les bords du Neckar.

Le Conseil des ministres a pris une décision concernant la loi sur le chômage

GENEVE, 3 Août.

Le « Petit Dauphinois » annon-ce de Vichy qu'une décision ve-nait d'être prise concernant la loi du 20 juillet au sujet du chômage. Cette loi avait ordonné l'annula-tion de tous les contrats de livrai-sons pour l'état devant servir à la défense nationale. La direction générale pour la production au sein du ministère de la Défense nationale vient de publier une lis-te des fabrications qui ne tom-bent pas sous le coup de la sus-dite loi. Sur cette liste, sont men-tionnés entre autre : les machi-nes-outils de toutes sortes, les ca-mions, les voitures automobiles de tourisme, les motocyclettes et les productions usuelles dans l'in-dustrie privée. Ces commandes pourront être maintenues après décision administrative.

Un pétrolier anglais touché à mort. (Photo Weltbild.)

Sur les boulevards, la « petite reine » règne à son tour. (Photo Safara.)

De l'essence pour un mois

C'est tout le carburant dont disposerait le Gouvernement pour la zone libre

VICHY, 3 Août.

La radio française annonce :

Le ministre de la Production et du Travail a déclaré aujourd'hui que les restrictions sur l'essence s'imposent :

— La consommation mensuelle du pays, a-t-il dit, était de 200.000 tonnes par mois, et le stock dont le Gouvernement dispose n'atteint pas 240.000 tonnes. Or, il faut as-surer la moisson qui, dans les grandes régions de culture, exige l'emploi de tracteurs ; il faut transporter les denrées, assurer les services des transports en com-mun, d'intérêt public, d'urgence des hôpitaux.

» C'est à cette situation drama-tique que nous nous efforçons de parer, d'une part en ramenant en France les 830.000 tonnes de car-burant encore dispersées dans les ports méditerranéens, en impor-tant par tous les moyens, soit de l'essence, soit du pétrole brut ; d'autre part, en menant une pro-pagande active pour la production et l'utilisation de carburants de remplacement. »

Le ministre a ajouté : ... Les négociations engagées

Avis aux parents des prisonniers de guerre

On nous communique de la part des autorités alle-mandes :

Des demandes de mises en congé de prisonniers de guerre, faites par leurs parents ou leurs familles, sont inutiles et ne seront plus prises en considéra-tion.

500 grammes de sucre par personne pour le mois d'août

Depuis hier, les épiciers sont tenus de délivrer à leurs clients 500 grammes de sucre contre le ticket N° 2 du mois d'août.

Le réapprovisionnement de cer-taines maisons d'épicerie a été retardé du fait du changement de taux de la ration.

Attention aux fausses nouvelles

Les nouvelles les plus fantaisis-tes continuent à être mises en cir-culation, aussi bien en France oc-cupée que dans la zone libre.

C'est ainsi que l'on peut enten-dre raconter qu'une armée fran-çaise de 1.200.000 hommes se trou-ve en Angleterre ; que le général Weygand a été tué en Syrie parce qu'il voulait désarmer nos troupes du Levant ; que les aviateurs al-lemands refusent d'aller survoler la Grande-Bretagne, parce que les Anglais émettent dans l'air des ondes magnétiques qui enflam-ment les avions. De même, on ra-conte que les Britanniques ont repris Calais et Dunkerque, cer-tains prétendent même qu'ils oc-cuperaient une partie de la ligne Maginot, et d'aucuns disent enco-re que les Allemands auraient proclamé l'autonomie de la Bre-tagne et que les Français des au-tres provinces en auraient été chassés...

Bien entendu, il ne s'agit là que d'inventions plus ou moins ... sans aucun fonde-

Le Japon refuse énergiquement toute intervention anglaise

TOKIO, 3 Août.

Les diverses informations offi-cielles, de même que l'attitude de toute la presse, indiquent que le ...

« MARGOT » a été assassinée ainsi que sa fille

Les habitués du marché Clignan-court ne verront plus Margot ; Margot qui, accorte et aimable, vendait depuis toujours ses salades entre « Barbès » et « Château-Rouge ».

Margot a été tuée de plusieurs ... à l'angle de la ...

PASSIF

Faire payer des Français qui n'ont plus rien, arrêter leurs efforts en les accablant de soucis financiers impossi-bles à résoudre, limiter des bénéfices, limiter des salaires et liquider un passif de guer-re, cela correspond à suppri-mer au pays 50 % de sa puis-sance de production.

... litiges, réclamations, ...

La reine Elizabeth et le général de Gaulle, Londres, 2 novembre 1941.

« Quand les journaux de Londres annoncèrent que Vichy me condamnait à mort et confisquait mes biens, nombre de bijoux furent déposés à Carlton Gardens par des anonymes et plusieurs douzaines de veuves inconnues envoyèrent l'alliance de leur mariage afin que cet or pût servir à l'effort du général de Gaulle.

Mémoires de guerre

Charles de Gaulle et Edward Spears, août 1940.

Attaques personnelles

En France, la presse est aux ordres et sert le gouvernement de Vichy. Elle fait feu de tout bois en attaquant le chef de la France Libre sur son apparence physique et en lui attribuant des origines juives.

« De Gol »

Il se trouve qu'en hébreu, « De Gol » signifie comme verbe, se glorifier ou s'exalter, et comme substantif, étendard. Et, quand on sait que de nombreux noms hébreux transcrits phonétiquement donnent des formes confuses avec des patronymes français, (Citons pour la seule lettre d: Debré, Dubec, Denay) il est permis de se demander, sans risquer d'être honnêtement suspecté de manie interprétative, si l'homme drapeau de la « France libre », De Gaulle, ne brandit pas attaviquement l'étendard de Judas Macchabée.

Le Matin 9 avril 1942

C'est un grand gaillard à peine grisonnant sur les tempes, à la moustache noire, taillée en brosse à dents, à la lèvre dédaigneuse et dont la mâchoire s'avance comme un tiroir mal fermé.

Je suis partout, 10 juillet 1942

Le vrai visage de la "France libre"!
Weisskopf dit Gombault
Boris
Schuman
Bernheim
Mathews
Reichenbach
Tilge
NEW-YORK U.S.A.
GRAND RABBIN DR. WISE NEW-YORK
JE PRENDS L'ENGAGEMENT DE RÉINSTALLER APRÈS LA GUERRE LES ISRAELITES DANS TOUS LEURS DROITS ET SITUATIONS EN FRANCE.
DE GAULLE
LE GÉNÉRAL MICRO, FOURRIER DES JUIFS!
Edité par L'INSTITUT D'ETUDES DES QUESTIONS JUIVES

Londres sous le Blitz

Août 1940. La Grande-Bretagne subit ses premières attaques aériennes. Hitler veut la vaincre en terrorisant la population civile afin de la couper de ses dirigeants. C'est le début de la bataille d'Angleterre. Londres reçoit ses premières bombes le 24 août. Le vendredi 7 septembre, c'est le début du Blitz. L'ouverture des portes de l'enfer. Plus de 300 bombardiers escortés par 650 chasseurs bombardent les quartiers fortement peuplés de l'East End et les docks de la Tamise, et font plus de 1 600 victimes. Londres est ensuite bombardée par des vagues de 150 à 650 bombardiers pendant 246 nuits.

Apocalypse

Le Blitz dure 8 mois. Pendant les 24 premiers jours, 30 raids larguent 7000 tonnes de bombes qui tuent 7000 Londoniens et en blessent plus de 10000. Le 15 octobre, 490 bombardiers larguent sur Londres 380 tonnes de bombes explosives et 70000 bombes incendiaires en une seule nuit. Coventry est rasée le 14 novembre. Les nazis attaquent ensuite Birmingham, Southampton, Bristol, Plymouth et Liverpool.

Cité martyre

Londres n'est plus la citadelle des sentinelles en attente, des fanfares masquées et des exercices d'alerte. Elle est devenue la capitale de l'apocalypse et des matins sanglants, la ville des hurlements de sirènes, des descentes aux abris, des pompiers débordés, la cité martyre des rues défoncées, des quartiers rasés, des immeubles en flammes, des ruines fumantes, des murs qui s'écroulent et des gravats qui s'entassent. La Chambre des communes est détruite dans la nuit du 10 au 11 mai 1941 : c'est la conclusion du Blitz, qui fait en 8 mois plus de 43 000 morts et près de 250 000 blessés.

« Les Anglais assiégés dans leur île se sentaient au plus noir du tunnel.

Mémoires de guerre

Le calvaire des Londoniens

Londres en partie rasée ! Mais Londres qui tient bon et qui résiste... La mort a pris ses quartiers. Elle a déployé son odeur de pourriture et de chairs calcinées. Chaque matin, la ville exhume ses morts de la nuit pour mieux les enterrer, dans la dignité. Chaque matin, Londres panse de nouvelles ruines. Et c'est dans cette capitale blessée que Charles de Gaulle continue à lancer ses appels. Il n'est pas seul. Chacun de ses mots se nourrit de la vaillance et du sacrifice de chacun des Britanniques qui l'entourent.

Il y eut le 14 novembre sur Coventry un raid si terrible qu'on en fit l'expression « conventriser ». Là, mieux qu'à Londres, j'ai compris le courage des ouvriers anglais. Coventry est un centre industriel, une ville presque uniquement peuplée de métallurgistes, de mécaniciens, d'ingénieurs. Les femmes étaient restées sur place, mais les enfants avaient depuis longtemps été envoyés à la campagne, en Écosse, ou même au Canada. Coventry s'étalait en première ligne avec des maisons dont pas une n'était intacte, dont pas une n'avait de carreaux. Les habitants étaient privés de tout ce qui plaît au travailleur anglais : le foyer bien tenu, le feu de charbon dans la grille, la viande de mouton et de bœuf, les pommes de terre, les œufs, le bacon, les cigarettes, le thé âcre avec du lait et du sucre, la bière et le gin. Travaillant de huit à douze heures par jour en usine, ces hommes et ces femmes avaient peu de viande, et mauvaise ; un œuf par semaine ; peu de margarine sur les tartines de pain, le thé faible et peu sucré. Ils maigrissaient. Les cigarettes de la répartition étaient faites de poussière de tabac. Quant au gin, on n'en trouvait plus qui fût mûr, celui vendu dans les bars était comme de l'éther, et on disait qu'il faisait perdre la vue. On disait aussi qu'une énorme quantité de whisky avait été détruite par les raids ; que le reste partait pour l'Amérique pour acheter des armes. À Londres, on n'en trouvait plus en bouteilles. Celui des bars était dur et suspect.

De Gaulle à Londres vu par un Français Libre, Robert Mangin, La Table ronde, 1965

« Spectacle proprement admirable que de voir chaque Anglais se comporter comme si le salut du pays tenait à sa propre conduite.

Mémoires de guerre

WYCH
WAY OU

Charles, Yvonne, Anne, Élisabeth et Philippe

Comment peut-on se sentir plus seul que Charles de Gaulle pendant l'été 1940 ? Isolé face aux Anglais, soutenu seulement par Churchill. Isolé face aux Américains, qui ne le prennent pas au sérieux. Exilé, banni de son pays qui l'a condamné à mort, déchu de son métier, déchu de son grade, de sa nationalité, de ses droits civiques et de ses biens. Désarmé devant l'immense machine de guerre nazie. Accablé par la mort de sa mère. Désavoué par les désastres de Mers el-Kébir et de Dakar qui vont freiner les ralliements de volontaires rejoignant la France Libre. Dans ces conditions, il ne peut tabler que sur ses proches, sa famille, ses compagnons d'infortune pour se mettre en mesure de réaliser l'impossible et de défier le destin.

« Quand un jour, tôt ou tard, il faut qu'on disparaisse,
Quand on a plus ou moins vécu, souffert, aimé,
Il ne reste de soi que les enfants qu'on laisse
Et le champ de l'Effort où l'on aura semé.

Lettres, notes et carnets, 1924

Le reportage de Berkhamstead

Churchill exige que Charles de Gaulle pose devant les photographes avec Yvonne à des fins de propagande, au début de l'année 1942, alors que sa famille habite la résidence de Rodinghead, à Berkhamstead, à 50 kilomètres au nord-ouest de Londres. Ce reportage, simultanément filmé et photographié, est destiné à « lancer » le chef de la France libre, à le faire connaître *urbi et orbi*, « de façon scientifique, naturelle et discrète ». Il s'agit d'immortaliser son couple comme on a l'habitude de le faire avec la famille royale.

Ils ont d'abord refusé cette présentation artificielle de leur couple considérée par mon père comme du « cinéma ».

Philippe de Gaulle

Churchill me vend comme une savonnette.

Charles de Gaulle

Nous consentons puisque c'est la part du feu. Mais après, qu'on nous laisse tranquilles.

Charles de Gaulle

Vie privée, vie publique

Charles de Gaulle déteste cette intrusion de la propagande dans sa vie privée. Il a cinquante-deux ans. Yvonne en a quarante-deux. Mais, alors même que ces photos sont posées, artificielles en diable, Il en émane une sorte de magie.

« Nous serons très heureux l'un par l'autre.

Lettre d'Yvonne Vendroux à son amie Madeleine,
11 octobre 1920

Tous les deux, bien appuyés sur l'autre physiquement et moralement, nous irons très loin sur la mer et dans la vie pour le meilleur et pour le pire.

Lettre de Charles à Yvonne

« Ma femme, sans qui rien de ce qui a été fait n'aurait pu l'être.

La constance d'Yvonne

Sur ces photos de propagande, le visage d'Yvonne est révélateur : il exprime tout à la fois sa détermination, son amour, sa souffrance et son angoisse.

« Je t'embrasse de tout mon cœur, ma chère petite femme chérie, et aussi mon amie, ma compagne si brave et si bonne, à travers une vie qui est une tourmente.

Lettre de Charles à Yvonne, 13 mars 1941

Sous la cuirasse

Comme le dira un jour son fils, il y a en Charles de Gaulle deux hommes différents : Charles, l'homme intime, sensible, et puis de Gaulle, celui qui porte la cuirasse et qui ne montre que son armure. Avec Yvonne, jamais de grandes démonstrations en famille ou en public. Mais, dans la conclusion de ses lettres, Charles a souvent le cœur au bord des lèvres.

« Ma petite femme chérie…

Charles de Gaulle

Le réconfort dans l'exil

Vingt-six ans plus tôt, l'Angleterre avait déjà été le pays de refuge d'Yvonne Vendroux, entre septembre et décembre 1914 : à quatorze ans, elle avait été envoyée à Cantorbery avec sa grand-mère, son frère Jacques et sa sœur Suzanne, pour fuir les bombardements allemands qui écrasaient Calais.

Qu'aurait fait Charles sans Yvonne, son épouse, la mère de ses enfants, la compagne de son exil? Celle qui fut toujours un peu son ange gardien, son port d'attache, son point de repère, celle qui ne cessa de partager avec lui le poids de ses fardeaux, et toujours en toute discrétion.

« Il faut une âme de fer tant les événements sont cruels et les responsabilités lourdes. Il faut avoir la France devant les yeux pour ne pas tout envoyer promener.

Ton pauvre mari

Lettre de Charles à Yvonne

Un homme libre

Lorsque les Français se sont souciés de la propagande du général de Gaulle, ils ont donné la parole à ses mots plutôt qu'à son image. Sa proclamation ne les a pas déçus : « Je suis un Français libre. Je crois en Dieu et en l'avenir de ma Patrie. Je ne suis l'homme de personne. J'ai une mission et je n'en ai qu'une seule : celle de poursuivre la lutte pour la libération de mon pays. Je déclare solennellement que je ne suis attaché à aucun parti politique, ni lié à aucun homme politique, quel qu'il soit, ni de la droite, ni du centre, ni de la gauche. Je n'ai qu'un seul but : délivrer la France. » C'est aussi et d'abord cette posture de Charles qui expliquait l'amour que lui vouait Yvonne.

« Il savait aussi être Charles, un homme comme tous les autres, profondément amoureux de sa « chère petite femme chérie », de cette épouse qu'il lui fallait et sans laquelle, peut-être, il n'aurait pu accomplir son destin.

Philippe de Gaulle,
De Gaulle mon père

> « Le jour de notre arrivée à Londres, c'est une des rares fois où j'ai vu mon père embrasser ma mère devant des tiers.
>
> Philippe de Gaulle, *De Gaulle mon père*

> « Ma mère, je ne lui ai jamais vu d'autre bague que celle de ses fiançailles.
>
> Philippe de Gaulle, *De Gaulle mon père*

Anne : une enfant « différente »

Anne est « différente », à la fois douce, proche et lointaine. Elle a douze ans en 1940. Elle est née trisomique le 1er janvier 1928. Son père lui voue une affection particulière. Il passe avec elle autant de temps qu'il peut lui en consacrer. Il l'embrasse, joue avec elle. Il la cajole. Il lui raconte des histoires. Il lui chante des comptines.

Elle n'a jamais pu lire, ni parler distinctement. Elle a toujours eu le comportement d'une enfant de deux ans. Mais elle aura été à la fois pour Charles son fardeau et l'instrument de son salut. Quatorze ans après sa mort, en 1962, lors de l'attentat du Petit-Clamart, le cadre de sa photo qui ne le quittait jamais arrêtera l'une des balles qui lui étaient destinées.

Pour un père c'est une bien grande épreuve. Mais pour moi, cette enfant est aussi une grâce, elle est ma joie, elle m'aide à dépasser tous les échecs et tous les honneurs, et à voir toujours plus haut.

Charles de Gaulle

Élisabeth : une éducation « ouverte »

Élisabeth a seize ans en 1940. Elle a été envoyée en pension à Londres chez les Dames de Sion, une congrégation fondée au XIXe siècle par deux juifs convertis au catholicisme qui accueillaient dans leurs établissements des jeunes de toutes religions. Comme les frères Ratisbonne, son père souhaite que l'éducation permette aux jeunes de se réaliser en acceptant la singularité et la personnalité de chacun ; une éducation permettant à sa fille de rester ferme dans sa foi chrétienne sans prétendre l'imposer aux autres.

Élisabeth poursuit ses études dans un des collèges chics d'Oxford : « Lady Margaret Hall » et n'hésite pas, comme toutes les jeunes filles de bonne famille, à soutenir l'effort de guerre en participant à des travaux agricoles.

Élisabeth est une étudiante douée : elle arrive à si bien parler l'anglais qu'elle devient la traductrice de son père lors de ses rencontres confidentielles avec Winston Churchill.

Philippe : engagé volontaire

Philippe a dix-neuf ans en 1940. Le 18 juin, il n'entend pas l'appel de son père. Il est en mer avec sa mère et ses deux sœurs qui rejoignent le général de Gaulle sans avoir la certitude de sa présence en Angleterre. Aussitôt arrivé à Londres, Philippe s'engage comme simple matelot dans les Forces Françaises Navales Libres.
Entré à l'École navale reconstituée à Portsmouth, Philippe participe activement à la défense aérienne de ce port en 1940 et aux opérations navales en Manche et en Atlantique dans les années qui suivent. Pendant la bataille d'Angleterre, il sert à bord du vieux cuirassé *Courbet* transformé en ponton de DCA. Il poursuit sa formation sur les goélettes *Étoile* et *Belle Poule*. Le 1er avril 1941, il est second maître et élève aspirant. Le futur amiral deviendra enseigne de seconde classe en février 1943.

« Tiens, prends cette bonne montre. J'espère que tu dureras plus longtemps.

Yvonne de Gaulle
à son fils, qui partait pour la guerre.
Philippe de Gaulle, *De Gaulle mon père*

« Fais ce que tu dois et advienne que pourra.

Charles de Gaulle à son fils, 1940

Français Libres

On ne voit, dans la brume de Londres bombardée, que quelques hommes que le destin est seul à connaître.

Charles de Gaulle, *Mémoires de guerre*

Les Français Libres se sont battus et se battent pour que les Français soient libérés de toute contrainte étrangère, de toute oppression intérieure contraire aux volontés et aux traditions de la Nation. Ils veulent que la France de demain soit capable de conserver ses conquêtes et de jouer dans le monde nouveau la place éminente qu'elle doit y tenir pour que ce monde soit viable.

Edgar de Larminat,
Note circulaire aux unités des 1re et 2e divisions blindées, Alger, 14 août 1943

Quelques-uns furent tout de suite à mes côtés et apportèrent aux devoirs qu'ils assumaient à l'improviste une ardeur et une activité grâce auxquelles, en dépit de tout, le navire prit et tint la mer.

Charles de Gaulle, *Mémoires de guerre*

> Tels étaient les membres de cet « entourage » que la propagande adverse dénonçait comme un ramassis de traîtres, de mercenaires, d'aventuriers. Mais eux, soulevés par la grandeur de la tâche, se serraient autour de moi pour le meilleur et pour le pire.

Charles de Gaulle, *Mémoires de guerre*

Charles-le-Seul

En attendant le ralliement de ses premiers compagnons, le général de Gaulle est parfois très seul pour porter sur son dos le destin de la France. Ils sont nombreux ceux qui se détournent ou qui choisissent l'esquive. Ils ne sont pas si rares les écrivains qu'il admire mais qui s'éloignent du danger : Jules Romains, André Maurois, Saint-John Perse. Et les événements de Mers el-Kébir ne lui facilitent pas la tâche. Les 1 380 victimes françaises de la marine anglaise ne vont pas encourager les 20 000 Français résidant à Londres et les 10 000 soldats évacués de Dunkerque à le rejoindre. Ils ne seront que 3 000 Français Libres à la fin du mois de juillet 1940. Dans les 34 mois qui suivront, 50 000 hommes vont le rejoindre : 66 % d'indigènes originaires des Colonies françaises, 6 % de légionnaires étrangers et 18 % de Français de souche.

Je n'étais rien au départ… Mais ce dénuement même me traçait ma ligne de conduite. C'est en épousant, sans ménager rien, la cause du salut national, que je pourrais trouver l'autorité. C'est en agissant comme champion inflexible de la Nation et de l'État qu'il me serait possible de grouper, parmi les Français, les consentements, voire les enthousiasmes, et d'obtenir des étrangers respect et considération. Les gens qui, tout au long du drame, s'offusquèrent de cette intransigeance ne voulurent pas voir que, pour moi, tendu à refouler d'innombrables pressions contraires, le moindre fléchissement eût entraîné l'effondrement. Bref, tout limité et solitaire que je fusse, et justement parce que je l'étais, il me fallait gagner les sommets et n'en descendre jamais plus.

Charles de Gaulle, *Mémoires de guerre*

Parmi les Français comme dans les autres nations, l'immense concours de la peur, de l'intérêt, du désespoir provoquait autour de la France un universel abandon. Si nombre de sentiments restaient fidèles à son passé, si maints calculs s'attachaient à tirer parti des lambeaux que lui laissait le présent, nul homme au monde, qui fût qualifié, n'agissait comme s'il croyait encore à son indépendance, à sa fierté, à sa grandeur. Qu'elle dût être, désormais, serve, honteuse, bafouée, tout ce qui comptait sur la terre tenait le fait pour acquis. Devant le vide effrayant du renoncement général, ma mission m'apparut, d'un seul coup, claire et terrible. En ce moment, le pire de son histoire, c'était à moi d'assumer la France. Mais il n'y a pas de France sans épée. Constituer une force de combat, cela importait avant tout. Je m'y employai aussitôt. […] Le rendement devait être faible. Huit jours après mon appel du 18 juin, le nombre des volontaires campés dans la salle de l'Olympia, que les Anglais nous avaient prêtée, ne montait qu'à quelques centaines.

Charles de Gaulle, *Mémoires de guerre*

Londres, en juin 1940, ce n'était pas une ville où l'on arrivait, mais une ville d'où l'on partait.

Élisabeth de Miribel à Jean Lacouture

Les Français de Londres se répartissent en deux groupes : ceux qui sont aux États-Unis et ceux qui se préparent à y partir.

Charles de Gaulle à Gaston Palewski

Les premiers compagnons

Le lieutenant Geoffroy Chodron de Courcel

a vingt-huit ans en 1940. Il est l'unique « compagnon » du premier jour, celui qui n'a pas hésité à suivre son général et à s'engager dans les Forces Françaises Libres dès le 18 juin 1940. Ce diplomate est d'abord mobilisé à Beyrouth et devient l'officier d'ordonnance du général de Gaulle le 6 juin 1940. Il est son chef de cabinet jusqu'en août 1941, puis part se battre en première ligne en Libye et en Tunisie. Il se couvre de gloire en Égypte, à El-Alamein, puis à nouveau en Tunisie. Il redeviendra son directeur adjoint de cabinet à Alger à partir de juillet 1943.

Nous arrivâmes à Londres à midi, le 17, et, après un rapide déjeuner avec le général Spears au Royal Automobile Club, le Général s'installa dans un studio de Seymour Place, qui lui avait été prêté par Jean Laurent, directeur civil de son cabinet. L'après-midi, il rencontra aussitôt Churchill pour lui exposer ses intentions.
Le général de Gaulle n'avait rencontré Churchill que trois ou quatre fois, mais les deux hommes s'étaient compris : ils avaient tous les deux la même vision de la guerre, et un certain romantisme de l'action. L'idée d'un appel diffusé par la BBC fut immédiatement envisagée, mais le Général ne voulait pas faire appel à des volontaires tant que des troupes françaises continuaient à se battre en France. Nous ignorions encore que le maréchal Pétain avait déjà demandé l'armistice. Le soir, alors que nous dînions avec Jean Monnet et René Pleven, le Général qui venait d'apprendre la demande d'armistice annonça son intention de lancer un appel le lendemain à la BBC et en exposa les thèmes. Il expliqua longuement pourquoi Pétain avait formé le gouvernement de l'armistice et comment celui-ci serait de plus en plus entraîné vers la trahison. Il passa la majeure partie de la journée du 18 à rédiger son appel, écrivant, raturant, recommençant, s'interrompant de temps à autre pour fumer une cigarette ou pour exposer, pensant tout haut devant moi, comment il voyait l'avenir de la guerre après l'effondrement de la France et la décision britannique de poursuivre le combat. J'avais réussi à joindre, dans l'une des missions françaises à Londres, une amie personnelle, Élisabeth de Miribel, qui vint taper le manuscrit de l'appel, d'un doigt, laborieusement. En cet après-midi du 18, nous étions, elle et moi, le « cabinet » du Général… À 18 h 30, le général de Gaulle se rendit à Broadcasting House où l'attendaient le directeur de la BBC et le général Spears. Une assistante, Mrs. Barker, le conduisit au studio, et nous l'écoutâmes, en direct, sur le récepteur du directeur. Il est difficile de décrire l'émotion que j'éprouvai en écoutant cet appel, dont je sentais bien qu'il était le début d'une grande entreprise. Quelques volontaires se présentèrent au petit appartement de Seymour Place dès le lendemain, peu nombreux, car ce premier appel n'avait pas été entendu par beaucoup. Je me rappelle avoir ouvert moi-même la porte, le 19 juin, au premier d'entre eux. C'était un mécanicien d'Hispano-Suiza qui venait s'engager dans l'aviation. J'ai ouvert devant lui un modeste registre, où j'ai inscrit son nom et son adresse. J'ignore ce qu'il est devenu. Je sais seulement qu'il fut le premier d'une longue liste…
Ainsi s'ouvrit la période la plus exaltante de ma vie. J'étais jeune, j'avais la volonté de combattre, et j'avais trouvé auprès de ce Général que je connaissais à peine une chance inespérée de répondre à ce désir en même temps que de surmonter l'immense désarroi que j'éprouvais devant les malheurs qui accablaient mon pays.

Geoffroy Chodron de Courcel,
En ce temps-là de Gaulle, 1971

« Il est difficile de décrire l'émotion que j'éprouvai en écoutant cet appel, dont je sentais bien qu'il était le début d'une grande entreprise.

Geoffroy Chodron de Courcel

Élisabeth de Miribel a vingt-cinq ans en 1940. Cette arrière-petite-fille de Mac-Mahon a rejoint Londres très tôt. Elle devient la secrétaire du Général sur la proposition de Geoffroy Chodron de Courcel, et tape d'un doigt le texte de son appel radiophonique, le 18 juin, dans son bureau très provisoire de Seymour Place, près de Hyde Park. Elle tapera ensuite son courrier sur une machine à écrire posée au début sur une caisse dans le couloir de St Stephens House. En 1942, le Général l'enverra au Québec rallier les Canadiens à la cause de la France Libre.

C'était un homme transcendant qui m'impressionna d'autant plus que j'étais entourée de gens pétris par la peur. [...] Il y avait à peu près 700 Français en mission à Londres. Un très petit nombre d'entre eux restèrent avec de Gaulle, trois ou quatre seulement. Les autres rentrèrent en France où ils furent rapatriés. [...] De Gaulle était comme un rocher, inébranlable. Il recevait beaucoup de visiteurs et sans doute ceux-ci s'attendaient-ils à ce qu'il leur demandât de rester à Londres. Mais, ne faisant jamais pression sur eux, il ne pesa pas sur leur décision. Pour bien des personnalités, de Gaulle était un homme très courageux, mais s'apparentait à un aventurier.

Élisabeth de Miribel,
Entretien avec Janine Frossard, 1972

Je m'applique laborieusement à lire un texte finement écrit et surchargé de ratures. Je dois le recopier, au propre, à la machine. Pour gagner du temps, Geoffroy de Courcel m'en dicte des passages. Il emporte, au fur et à mesure, les feuillets dactylographiés pour les soumettre au Général. [...]. Ces mots vont constituer une page d'histoire. Je ne le sais pas encore. Pourtant j'ai l'obscur pressentiment de participer à un événement exceptionnel. [...] L'heure passe. Le temps presse. Il sera bientôt 6 heures du soir. Ma tâche est terminée. Le Général fait appeler un taxi pour se rendre à la BBC avec Courcel. Ils me déposent en chemin devant ma porte [...]. Je monte préparer mon dîner. Pendant ce temps, des paroles irrévocables s'envolent vers la France. Je n'ai pas entendu l'appel ce soir-là !

Élisabeth de Miribel,
in *En ce temps-là de Gaulle*

J'ai l'obscur pressentiment de participer à un événement exceptionnel.

Élisabeth de Miribel

À la fin de la journée, j'ai le sentiment que cet homme est d'une très grande sensibilité, mais qu'il déteste qu'on s'en aperçoive.

Élisabeth de Miribel à Michel Tauriac

Les recrues de l'été 1940

Pierre-Olivier Lapie a trente-huit ans en 1939. Mobilisé comme lieutenant de réserve de la Légion étrangère, il devient officier de liaison au 1er régiment de la garde britannique, puis participe comme capitaine à l'expédition de Norvège, avant de rejoindre Londres dès le 22 juin 1940. De Gaulle le nomme directeur des Affaires extérieures dans son cabinet en juillet, fonction qu'il occupe jusqu'en septembre. À ce titre, il négocie l'accord du 7 août 1940 qui fixe les relations entre la France Libre et le gouvernement britannique. Après l'opération Menace et le ralliement des territoires de l'Afrique équatoriale française, il est nommé en novembre 1940 gouverneur du Tchad en remplacement de Félix Éboué.

Combien, avant de se décider, avaient éprouvé l'angoisse du vrai devoir? Combien avaient été torturés par cette question: « Que dois-je faire? et envers qui? » Combien abordaient ainsi pour la première fois le problème de toutes les crises de la morale politique: celui de l'autorité légitime? Car il fallait choisir entre ce que les usages et la propagande venue de France appelaient l'autorité légitime de Pétain, d'une part, et ce que les âmes nommaient, avec raison, l'insurrection nécessaire. Ainsi, les volontaires de juin 1940 ont eu à repenser les concepts imposés par l'école ou l'éducation: l'honneur, la patrie, la parole donnée, l'autorité légitime. Que ceux qui sont demeurés en France le sachent bien, et s'en persuadent. Ce n'est pas sans tourment que nous sommes demeurés à Londres.

Pierre-Olivier Lapie, *La Mémoire des Français Libres. Hommes & Combats,* Fondation de la France Libre

Les fantassins des Forces Françaises Libres sont basés dans les camps de Trentham Park, près de Stoke-on-Trent, et d'Arrowe Park, près de Liverpool, puis dans les camps militaires (Delville Camp et Morval Camp) qui leur sont réservés à Aldershot, au sud-ouest de Londres. La base principale des Forces Françaises Libres est située dans le camp de Camberley, à proximité d'Aldershot et de Sandhurst. Les Cadets de la France Libre seront formés à Malvern, puis à Ribbesford dans le Worcestershire. Les Volontaires françaises, quant à elles, sont hébergées à Mayfair, 40, Hill Street, puis à Moncorvo House.

Nous sommes la France

René Cassin a cinquante-trois ans en 1940. Héros et mutilé de la Grande Guerre, agrégé de droit, il a été membre de la délégation française à la Société des Nations pendant 14 ans, luttant dans tous les domaines pour la Paix. Ayant décidé, dès le 17 juin, de rejoindre l'Angleterre, il embarque avec son épouse, le 24 juin, à Saint-Jean-de-Luz, sur un bateau britannique de transport de troupes, l'*Ettrick*, à destination de Plymouth. Le 29 juin, il se présente à St Stephen's House où de Gaulle lui confie la mission de rédiger un accord avec le gouvernement britannique, afin de maintenir le caractère purement français de l'armée de la France Libre. Le 7 août 1940, le général de Gaulle signe avec Winston Churchill la charte dont Cassin est l'auteur. Il sera pendant toute la guerre le juriste de la France Libre et fera partie des rédacteurs de la Déclaration universelle des Droits de l'Homme, votée à Paris, le 10 décembre 1948, par l'Assemblée générale des Nations unies.

René Pleven a trente-neuf ans en 1940. Il rejoint Londres dès juin 1940. Fin juriste, fin gestionnaire, fin diplomate, il deviendra pour de Gaulle une sorte de ministre des Finances qui participera activement au ralliement de l'Afrique équatoriale française (AEF) à la France Libre. Il s'occupera alternativement des Colonies, des Finances et des Affaires étrangères.

Gaston Palewski a trente-neuf ans en 1940. Cet aviateur passé par la Sorbonne, par Sciences-Po, par l'École du Louvre et par Oxford connaît de Gaulle depuis 1934. Il refuse l'armistice, s'évade d'Afrique du Nord et le rejoint en août 1940. Il devient en décembre 1940 le directeur des Affaires politiques de la France Libre. Après être retourné se battre dans l'Est africain, il devient en septembre 1942 le directeur de cabinet et l'homme de confiance du Général.

René Cassin
René Pleven
Gaston Palewski

> La fondation de la France Libre a été le point de départ de la résurrection de la France, momentanément abattue, et de sa rentrée dans le concert des nations victorieuses.
>
> René Cassin

Lorsque je me mis à la disposition du général de Gaulle le 29 juin 1940, il m'accueillit par ces mots : « Vous tombez à pic ! » Il me mit immédiatement au courant de la situation nouvelle qu'avait créée, dans la soirée de la veille, la décision du gouvernement anglais le reconnaissant comme chef des Français Libres. « Il faut partir de cette décision pour mettre un terme à la tragique incertitude qui pèse sur nos volontaires, me dit-il à peu près, et conclure sur cette base un traité qui soit la charte de notre action. — Il est bien entendu que nous ne sommes pas une Légion étrangère dans l'armée anglaise, lui demandai-je, mais que nous sommes l'armée française ? — Nous sommes la France ! » Je passai le dimanche, sur un banc public, à rédiger un projet, avec pour seuls conseillers les arbres de Hyde Park. Le projet était simple. Un article définissait le statut de notre force, française par sa composition, son drapeau, sa langue et son commandement unique. Un autre était consacré au régime et aux garanties promis aux volontaires. Mais le tout était dominé par le caractère bilatéral, et si je puis dire égalitaire, des engagements des parties consignés dans l'article premier. Si M. Churchill s'engageait, en cas de victoire alliée, à restaurer la France et son Empire dans leur grandeur et leur intégrité, le général de Gaulle mettait sa nouvelle force au service, non seulement de la libération de notre pays, mais de la défense du sol et des possessions britanniques.

René Cassin, in *En ce temps-là de Gaulle*

Les pionniers de l'imaginaire

Romain Kacew est d'origine polonaise. Naturalisé français en 1935, il rejoint Londres et les Forces Aériennes Françaises Libres (FAFL) en 1940, à vingt-six ans. Il choisit le nom de guerre de Gary (signifiant « brûle ! » en russe) qui deviendra son pseudonyme.

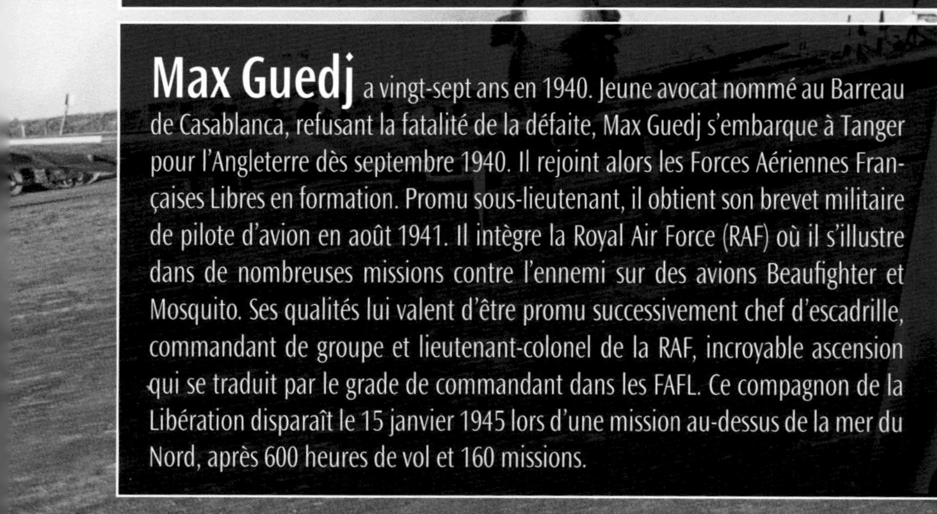

Max Guedj a vingt-sept ans en 1940. Jeune avocat nommé au Barreau de Casablanca, refusant la fatalité de la défaite, Max Guedj s'embarque à Tanger pour l'Angleterre dès septembre 1940. Il rejoint alors les Forces Aériennes Françaises Libres en formation. Promu sous-lieutenant, il obtient son brevet militaire de pilote d'avion en août 1941. Il intègre la Royal Air Force (RAF) où il s'illustre dans de nombreuses missions contre l'ennemi sur des avions Beaufighter et Mosquito. Ses qualités lui valent d'être promu successivement chef d'escadrille, commandant de groupe et lieutenant-colonel de la RAF, incroyable ascension qui se traduit par le grade de commandant dans les FAFL. Ce compagnon de la Libération disparaît le 15 janvier 1945 lors d'une mission au-dessus de la mer du Nord, après 600 heures de vol et 160 missions.

Pierre-Henri Clostermann a dix-neuf ans en 1940. Choqué par l'effondrement de la France et encouragé par son père qui est parti rejoindre de Gaulle avec le général Valin, Pierre Clostermann rejoint l'Angleterre, en passant par la Floride, le Brésil, l'Uruguay et l'Afrique du Sud pour s'engager dans les Forces Aériennes Françaises Libres le 18 mars 1942. Il devient alors pilote de Spitfire au 341 Squadron « Alsace ». Il est considéré comme le plus grand as français de la Seconde Guerre mondiale et fut proclamé à vingt-quatre ans « premier chasseur de France » par le général de Gaulle.

Il y eut 1 019 engagés dans les Forces Aériennes Françaises Libres créées à Londres le 7 juillet 1940, parmi lesquels des pilotes, des navigateurs, des mécaniciens, des mitrailleurs et des parachutistes. Sur les 604 personnels navigants FAFL (pilotes, navigateurs, mitrailleurs), 412 furent tués au combat…

Il fallait que nous acceptions d'être déserteurs, condamnés à mort par contumace, abandonner nos familles, se joindre aux troupes britanniques, au moment même où la flotte anglaise venait de couler la flotte française à Mers el-Kébir. Tout cela alors que plus de 80 % des Français étaient fermement derrière Pétain. Il fallait avoir une foi singulièrement sourde et aveugle pour être sûr d'être fidèle. […] Les Français Libres ont été ces pionniers de l'imaginaire. […] Pour être des combattants, il leur fallait accepter d'être qualifiés — et pas seulement en France occupée, mais en Angleterre même — de « mercenaires », d'« aventuriers » et d'être couverts d'injures par tous les orifices buccaux du « pays légal ». Nous haussions les épaules, mais notre comportement était souvent marqué par ce harcèlement et, à nos propres yeux, nous étions ceux « qui n'ont plus rien à perdre ». Nous avions, des « irréguliers », un certain côté « desperado ».

Romain Gary, 24 août 1970,
La Mémoire des Français Libres. Hommes & Combats,
Fondation de la France Libre

Les hommes de granit

Les premiers marins qui rejoignent la France Libre sont rassemblés sur des champs de courses à Haydock et Aintree. Ils embarqueront ensuite sur les navires ralliés, notamment dans les ports de Plymouth et Portsmouth. Moins de 400 recrues à la date du 3 juillet 1940, ils seront plus de 5000 hommes en janvier 1943, parmi lesquels Philippe de Gaulle, le fils du Général.

Georges Thierry d'Argenlieu a cinquante et un ans en 1940. Officier de marine, ancien héros de la Grande Guerre, il entre dans les ordres en 1920 et devient le Révérend Père Louis de la Trinité. Mobilisé en 1939, fait prisonnier le 19 juin, il s'évade et rejoint Londres le 30 juin 1940. De Gaulle en fait en juillet 1940 le chef d'état-major des Forces Navales Françaises Libres (FNFL). Grièvement blessé lors de la tentative malheureuse de débarquement à Dakar en septembre 1940, il se rétablit et continue à se battre en Afrique équatoriale française, au Canada, dans le Pacifique et en Europe. C'est Georges Thierry d'Argenlieu qui inspire en 1940 l'idée de donner pour insigne à la France Libre la croix de Lorraine.

Très vite la question s'est imposée de devoir imprimer notre marque sur les quelques aéronefs que nous possédions, et surtout sur les bateaux marchands et de guerre que nous avions pu récupérer. Les Anglais nous demandaient : « Quels sont ceux qui sont avec nous et ceux qui ne le sont pas ? Il faut pouvoir les différencier, car le bleu-blanc-rouge est aussi utilisé par Vichy. » Le capitaine de vaisseau Thierry d'Argenlieu a alors suggéré à mon père : « Vous avez commandé un régiment à Metz dont l'insigne était la croix de Lorraine. Pourquoi ne pas prendre cet insigne ? D'autant plus que la Libération de la France a déjà été placée sous ce signe au temps de Jeanne d'Arc. » Alors mon père a acquiescé.

Philippe de Gaulle,
De Gaulle mon père

La vague ne détruit pas le granit. Vous, les Marins de la France Libre, ce que vous avez fait pour la France en poursuivant la lutte sur la mer, envers et contre tout, dans le plus grand drame de notre Histoire, rien, ni le temps, ni les passions ne l'effaceront jamais.

Charles de Gaulle,
Message de remerciement aux marins de la France Libre

Dix-huit bateaux en mer, cela peut paraître peu de chose […]. Mais si l'on veut bien penser qu'un navire à la mer et en état de combattre suppose tout un ensemble de rouages très compliqués, on peut, à bon escient, s'émerveiller qu'un si grand nombre de choses ait pu se réaliser dans un délai aussi bref.

Charles de Gaulle, *Mémoires de guerre*

Les voix de la France

Maurice Schumann a vingt-neuf ans en 1940. Journaliste, engagé volontaire en 1939, il quitte la France le 21 juin 1940 après avoir entendu l'Appel du 18 juin. Il devient le porte-parole de la France Libre et, d'une certaine façon, la seconde voix du Général. On entend son intonation familière dans l'émission « Honneur et Patrie » sur les ondes de Radio Londres à partir du 17 juillet 1940. Sur 1 417 jours passés à Londres, Maurice Schumann s'exprime sur les ondes plus de 1 200 fois.

Pierre Bourdan a trente et un ans en 1940. Sous-directeur de l'agence Havas à Londres, endeuillé par la mort de son frère Robert à Argentan le 10 juin 1940, Pierre Maillaud rejoint le général de Gaulle et décide de prendre le pseudonyme de Pierre Bourdan pour parler à la radio, en souvenir de son village d'enfance creusois, Bourg d'Hem. Il intervient sur l'antenne de Radio Londres de juillet 1940 à juin 1944 et participe à l'émission « Les Français parlent aux Français ». En août 1940, il crée l'« Agence française indépendante » à Londres, préfiguration de l'Agence France Presse.

Se dire patriote n'est pas nier que telle puisse être la pente de l'Histoire, mais opposer, à la pente de l'Histoire subie, le sens de l'Histoire rêvée. Promettre à un pays fragile d'assurer sa continuité contre les vents et les marées qui le défient depuis deux millénaires est la façon la plus sûre qu'un Français ait jamais trouvée de donner une âme à sa vie au lieu de se borner à l'endurer.

Maurice Schumann,
Discours de clôture du colloque « De Gaulle et Malraux », 1986

Je crois que la Russie entrera dans la guerre avant l'Amérique, mais qu'elles y entreront l'une et l'autre. Avez-vous lu « Mein Kampf » ? Hitler pense à l'Ukraine. Il ne résistera pas à l'envie de régler le sort de la Russie, et ce sera le commencement de sa perte. […] Si Hitler avait dû venir à Londres, il y serait déjà. Maintenant, la bataille d'Angleterre ne se livrera plus que dans les airs, et j'espère que quelques aviateurs français y prendront part. […] En somme, la guerre est un problème terrible, mais résolu. Il reste à ramener toute la France du bon côté.

Charles de Gaulle à Maurice Schumann, 30 juin 1940,
in Jean Lacouture, *De Gaulle, le rebelle*

Quelques voix de la France Libre dans un studio de la BBC : Jacques Duchesne, Jean-Jacques Mayoux, André Gillois, Maurice Schumann, Jean Oberlé et Geneviève Brissot.

> « *Il fut l'un des premiers, l'un des meilleurs, l'un des plus efficaces.*
>
> Charles de Gaulle à propos de Maurice Schumann
> *Mémoires de guerre*

Les hommes de l'ombre

André Dewavrin alias Passy a vingt-neuf ans en 1940. Ce polytechnicien commande le Génie du corps expéditionnaire français en Norvège en avril 1940. De retour de Narvik avec la division du général Béthouart, il débarque à Brest, le 17 juin 1940, et rembarque aussitôt avec l'ensemble de sa division pour l'Angleterre. Il se présente à St Stephen's House à la fin du mois de juin 1940. Le général de Gaulle lui demande d'organiser un service de renseignements, au départ sans argent ni moyens de communication. Sous le pseudonyme de « Passy », il met sur pied, avec son adjoint André Manuel, les services secrets des Forces Françaises Libres, dont il sera le chef et qui deviendront à terme le BCRA.

Claude Bouchinet-Serreulles a vingt-huit ans en 1940. Ce lieutenant de cavalerie, issu du Cadre noir de Saumur, et ami d'enfance de Geoffroy Chodron de Courcel, choisit le Général le 17 juin 1940 et le rejoint à Londres en juillet après avoir quitté Port-Lyautey revêtu d'un uniforme polonais. Il est tour à tour archiviste, interprète, chef du personnel et aide de camp du Général, avant de rejoindre le BCRA et l'action clandestine où il devient l'un des adjoints de Jean Moulin.

Pendant que je me présente au Général selon le mode prévu par les règlements militaires, sa forme immense se détend et se lève pour m'accueillir. Il me fait répéter mon nom : « Capitaine Dewavrin », puis me pose une série de brèves questions d'une voix nette, incisive, un peu brutale : « — Êtes-vous d'active ou de réserve ? — Active, mon général. — Breveté ? — Non. — Votre origine ? — École polytechnique. — Que faisiez-vous avant la mobilisation ? — Professeur de fortification à l'École spéciale militaire de Saint-Cyr. — Avez-vous d'autres titres ? Parlez-vous l'anglais ? — Je suis licencié en droit et parle couramment l'anglais, mon général. — Où étiez-vous pendant la guerre ? — Au corps expéditionnaire en Norvège. — Alors vous connaissez Tissier. Êtes-vous plus ancien que lui ? — Non, mon général. — Bien. Vous serez chef des 2e et 3e bureaux de mon état-major. Au revoir. À bientôt. »

André Dewavrin, alias colonel Passy, *Souvenirs*

> *Rien n'avait préparé Passy à cette mission sans précédent.*
>
> Charles de Gaulle, *Mémoires de guerre*

> *Il sut maintenir la barque à flot contre le déferlement des angoisses, des intrigues, des déceptions.*
>
> Charles de Gaulle, *Mémoires de guerre*

De l'argent, je n'en ai pas, des moyens de transmissions, je n'en ai pas, et les hommes, eh bien, vous n'avez qu'à vous promener dans Londres, il y a plein de Français là et vous ferez du recrutement, à l'Olympia City Hall, où l'on a regroupé des Français. Allez, piquez là-dedans !

De Gaulle à André Dewavrin, alias colonel Passy

Les irréductibles

Claude Hettier de Boislambert a trente-quatre ans en 1940. Après s'être couvert de gloire en Lorraine au début de la guerre, il se bat en Belgique puis dans la Somme, sur la Seine, en Normandie et en Bretagne. Il décide le 16 juin 1940 de continuer la lutte et de passer en Angleterre avec les officiers et sous-officiers placés sous ses ordres qui sont volontaires pour le suivre. Il devient le chef adjoint de cabinet du Général qui l'envoie ensuite en Afrique, où il fait partie des officiers qui supervisent la tentative de débarquement malheureuse à Dakar le 23 septembre 1940. Capturé par le gouvernement de Vichy en Afrique, il réussit à s'évader après 26 mois de mauvais traitements et de détentions, et redevient l'un des principaux collaborateurs du Général.

Pierre Julitte a trente ans en 1940. Cumulant les diplômes de trois écoles d'ingénieurs, il est cité deux fois à l'Ordre de l'armée en 1939 et en 1940. Il devient le spécialiste des transmissions radio du Général, puis un agent secret efficace. Arrêté en mars 1943 par la Gestapo, il est déporté « Nuit et brouillard » et survivra aux camps de Neue-Bremen, de Buchenwald, de Dora et de Bergen-Belsen.

Élisabeth de Miribel m'introduit dans une vaste pièce qui donne sur le parc. Regardant par la fenêtre, le général de Gaulle me tourne le dos.
« Mes devoirs, mon général !
Le Général a reconnu ma voix, et se retourne :
« Alors, Boislambert, vous voilà en Angleterre. Que venez-vous faire ?
— La guerre, si possible, mon général.

— Connaissez-vous mon appel ?
— Non, mon général, c'est parce que je vous ai vu commander sur le front de France que je viens à vous. »
[…] Le Général me dit alors le thème de l'Appel qu'il a lancé à la radio la veille. En quelques instants ma décision est prise, c'est près de De Gaulle que je resterai.
Claude Hettier de Boislambert, *Les Fers de l'espoir*, Plon, 1978

Les loyaux

François Coulet a trente-quatre ans en 1940. Premier secrétaire de la légation de France à Helsinki, il rejoint la France Libre dès le 19 juin 1940. Révoqué par Vichy, il devient le chef de cabinet du Général à Londres de mai 1941 à octobre 1942. Il devient ensuite le commandant des parachutistes de la France Libre basés à Camberley.

Georges Catroux a soixante-trois ans en 1940. Il se couvre de gloire en 1914 et rencontre de Gaulle au Fort IX d'Ingolstadt alors qu'ils sont tous les deux des prisonniers de guerre qui ne perdent jamais une occasion d'essayer de s'évader. Alors qu'il avait été nommé gouverneur général d'Indochine en juillet 1939, Georges Catroux décline l'offre de Churchill qui veut faire de lui le chef de la France Libre en septembre 1940. Il se rallie à de Gaulle et se place sous son autorité. Après que le Général l'a nommé membre du Conseil de Défense de l'Empire et commandant en chef et délégué général de la France Libre au Moyen-Orient, il proclame en juin 1941 l'indépendance de la Syrie et du Liban. Il devient ensuite le haut commissaire de la France Libre au Levant.

Il prenait ses repas, matin et soir, dans le petit salon attenant à sa chambre et ne voyait des autres habitants de l'hôtel que ce qu'il en devinait en les croisant dans le hall. Ceux-ci, de leur côté, appréciaient qu'un Français illustre montrât une constance égale à la leur dans son respect de la « privacy », la sienne et celle des autres ; ils étaient flattés du choix qu'il avait fait d'une résidence à la fois si conforme à la tradition et si bien adaptée aux circonstances. Le matin, vers 9 heures, car le Général se levait assez tard, ils partaient en voiture pour le bureau et la journée commençait. Retour, en voiture également, vers 13 heures à l'hôtel où, presque chaque jour, la table était dressée pour cinq ou six convives, membres du Comité national, officiers ou fonctionnaires des FFL, personnalités, journalistes britanniques.

François Coulet, *Vertu des temps difficiles*, Plon, 1967

Allyn Cox
INVADED
BUT NOT
CONQUERED

Les géants

Philippe Leclerc de Hauteclocque a trente-huit ans en 1940. Ce major de l'École de cavalerie de Saumur sorti également major de l'École de guerre en 1939 est fait prisonnier par les Allemands en mai 1940. Il s'évade et reprend le combat avant d'être à nouveau capturé, de s'évader pour la seconde fois et de rejoindre Londres en juillet 1940 après une incroyable épopée à travers la France, l'Espagne et le Portugal. Il rallie le Cameroun, le Gabon, le Tchad et l'ensemble de l'Afrique équatoriale française à la France Libre, se bat en Libye, en Tunisie, puis crée la 2e division blindée au Maroc.

Marie Pierre Koenig. Le capitaine Marie Pierre Koenig a quarante-deux ans en 1940. Cet ancien poilu devenu militaire après la Grande Guerre se rallie dès juin 1940 à la France Libre avec les 1600 hommes de la 13e demi-brigade de marche de la Légion étrangère. De Gaulle le charge de préparer l'expédition de Dakar, en liaison avec l'état-major anglais. Il participe à la campagne du Gabon, puis devient le commandant militaire du Cameroun en décembre 1940. Général de brigade après la campagne de Syrie, il prend le commandement de la 1re brigade Française Libre en octobre 1941 et organise au printemps 1942 la position de Bir Hakeim, qu'il défend victorieusement contre Rommel.

Edgard de Larminat a quarante-cinq ans en 1940. Blessé à Verdun en 1916, blessé à nouveau et gazé en 1918, cet ancien poilu de la Grande Guerre est devenu colonel au début de la Seconde Guerre mondiale. Emprisonné par Vichy parce qu'il veut continuer à se battre aux côtés des Anglais, il s'évade et rejoint la France Libre en Palestine, puis se bat sur tous les fronts, en particulier en Libye, en Tunisie, en Italie et en France.

Ralph Monclar, de son vrai nom Raoul Charles Magrin-Vernerey, a quarante-huit ans en 1940. Héros de la Grande Guerre, il en sort capitaine, blessé sept fois, trépané deux fois et les yeux brûlés par les gaz. Après une brillante carrière militaire de légionnaire entre les deux guerres, il brille dans les combats de 1940 en Norvège et il est l'un des premiers officiers supérieurs qui rejoint Londres dès le 21 juin 1940 avec 500 de ses hommes. Il bat les Italiens en Érythrée, à Massoua en avril 1941, et refuse de se battre contre d'autres Français en Syrie, en juin 1941.

“ *Général Koenig, sachez et dites à vos troupes que toute la France vous regarde et que vous êtes son orgueil.*

Charles de Gaulle, *Mémoires de guerre*

L'épopée de Leclerc, c'est, pour toujours, une des plus belles pages de notre histoire.

Charles de Gaulle, *Mémoires de guerre*

Notre tâche finie, notre rôle effacé, après tous ceux qui l'ont servie depuis l'Aurore de l'Histoire, avant tous ceux qui la serviront dans son éternel avenir, nous dirons à la France, simplement, comme Péguy : « Mère, voyez vos fils qui se sont tant battus… »

Charles de Gaulle, *Discours et Messages*

Les métiers de la France Libre

Ils ne sont pas seulement parachutistes, canonniers, aviateurs, pilotes de chars, fantassins, sous-mariniers, mitrailleurs, saboteurs ou agents de liaison, ces Français Libres qui rejoignent Londres. Ils sont avant tout marins-pêcheurs, lycéens, étudiants, ouvriers, militaires, agriculteurs, avocats, instituteurs, journalistes, écrivains, poètes, médecins… La France Libre a aussi ses coiffeurs, ses cordonniers, ses tourneurs, ses tailleurs, ses couturiers, ses chimistes, ses artificiers, ses mécaniciens, ses dessinateurs, ses ébénistes, ses chercheurs, ses éleveurs,ses télégraphistes, ses postiers, ses colombophiles, ses cuisiniers, ses secrétaires, ses infirmières et ses ingénieurs…

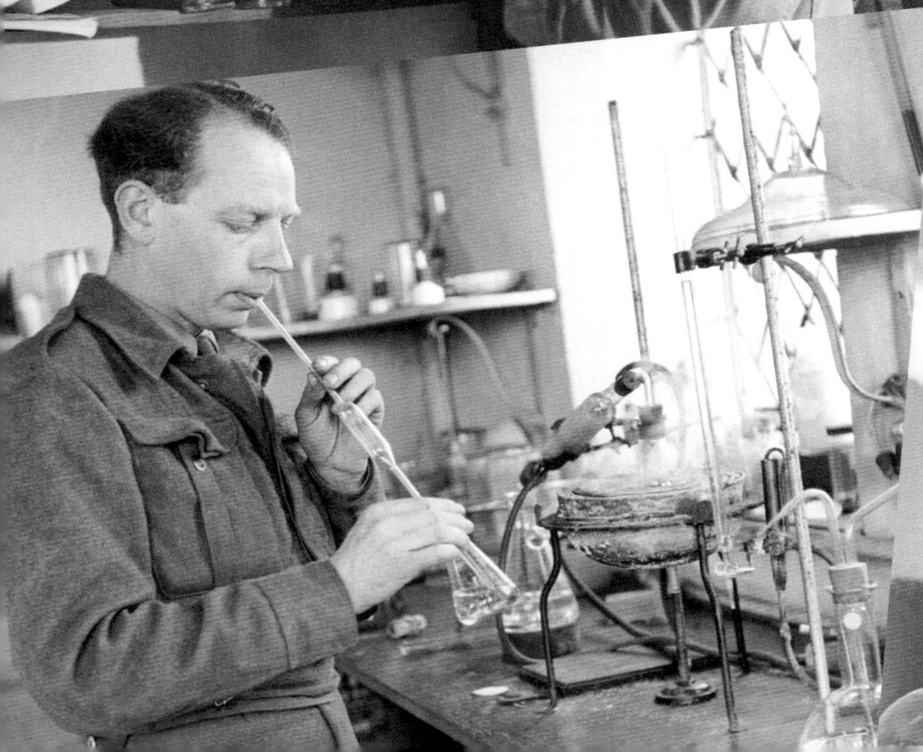

FRANCE

Femmes combattantes

Entre le 7 novembre 1940, date de la création à Londres du Corps des Volontaires Françaises Libres, regroupant 26 « Françaises Libres », et le 31 juillet 1943 (date à laquelle se réalise l'amalgame des FFL et de l'armée d'Afrique), elles sont 430 à signer un engagement dans les Forces Françaises Libres. Elles sont françaises (de métropole ou de l'Empire), immigrées ou étrangères ; elles ont entre dix-sept et cinquante ans, et sont issues de toutes les catégories sociales et professionnelles, de toutes les familles de pensées politiques ou religieuses.

Marie Hackin. Au début des années trente, Marie Parmentier, ancienne élève de l'École du Louvre, épouse Joseph Hackin, archéologue et philologue, directeur du musée Guimet depuis 1923. Refusant l'armistice, après avoir adressé, le 6 juillet 1940, un message d'adhésion au général de Gaulle, les époux Hackin quittent Bombay à destination de Londres, où ils parviennent en octobre 1940. Engagée aux Forces Françaises Libres, le 26 décembre 1940, avec le grade de sous-lieutenant, Marie Hackin organise le Corps féminin de la France Libre. Désignée pour accompagner son mari, chargé du département des Affaires extérieures, dans une longue mission en Inde, elle embarque le 20 février 1941. Le cargo qui les transporte, le *Jonathan Holt*, est torpillé.

Tereska Schwartz-Torrès, fille d'artistes polonais de grand renom, a vingt ans en 1940. Son bac en poche, elle traverse le Portugal, l'Espagne et, à Gibraltar, s'embarque pour l'Angleterre. Elle rejoint à Londres le « corps féminin » des Forces Françaises Libres. Elle en est la seizième engagée. Elles seront 200 en 1942 et 400 à la fin de la guerre. Tereska travaille comme secrétaire à Carlton Gardens. Elle épouse en 1944 un jeune soldat, Georges Torrès, qui meurt à l'automne sur le front alsacien, quatre mois avant la naissance de leur fille.

> *C'était un homme transcendant qui m'impressionna d'autant plus que j'étais entourée de gens pétris par la peur.*
>
> Élisabeth de Miribel

Femmes combattantes

Sonia Eloy. Bilingue parce que née à Paris de mère américaine, Sonia Vagliano-Eloy, arrêtée lors de la manifestation du 11 novembre 1940, quitte Paris fin janvier 1941. Elle essaie de gagner Londres depuis Lisbonne, puis depuis les États-Unis, mais les femmes de moins de vingt-cinq ans ne peuvent obtenir de visa de sortie à destination d'un pays en guerre. Elle réussit finalement à signer un engagement au siège de la délégation de la France Libre à New York fin 1942 et à rejoindre Londres pour y devenir officier des Forces Françaises Libres. Deux semaines à peine après le jour J, elle fut envoyée en France avec ses collègues pour superviser les camps de réfugiés. Sa dernière mission consista à prendre soin des survivants de Buchenwald.

Joséphine Baker a trente-quatre ans en 1940. Elle est au sommet de sa gloire. Elle devient pourtant un agent du contre-espionnage français dès le début de la Seconde Guerre mondiale et s'engage dès le 24 novembre 1940 dans les services secrets de la France Libre. Tout au long de la guerre, dès janvier 1941, elle ne cessera de se mobiliser et de glaner des « renseignements » pour la France Libre et le général de Gaulle depuis l'Algérie et depuis le Maroc. À Lisbonne comme au cours de ses tournées, en Tunisie, en Égypte, en Libye, au Liban et au Moyen-Orient, Joséphine fait parvenir à Londres des informations stratégiques transcrites à l'encre invisible sur les partitions musicales de ses chansons et collecte des fonds pour la France Libre. Joséphine sort de la clandestinité en mai 1944 et intègre l'armée de l'air à Alger. Elle est chargée par le général de Lattre de Tassigny de suivre la 1re armée française au fur et à mesure de son avancée dans les pays libérés afin de chanter et de recueillir de nouveaux fonds pour les sinistrés. Le secours aux sinistrés qu'elle récolte ainsi approche les 2 millions de francs. Sa dernière étape est Buchenwald où elle chante, assise sur un lit de typhique, dans la salle des « intransportables ».

La voix du général de Gaulle nous bouleverse. Elle est celle qu'on craignait de ne jamais entendre. Elle nous atteint au plus profond de nous-mêmes. Comme elle est vibrante, cette voix. Vibrante de toute son âme. L'âme même de la France qui, je le savais, ne peut pas mourir. Désormais, tout nous paraît possible.

Joséphine Baker

Joséphine, Éditions Robert Laffont, 1976

De si jeunes volontaires

Mousses de la marine marchande ou de la marine de pêche, apprentis, collégiens, lycéens, bacheliers en cavale… Certains viennent d'avoir treize ans. D'autres peuvent avoir quinze, seize, dix-sept ou dix-huit ans. Chez les garçons, les plus jeunes recrues, après avoir constitué une sorte de camp scout à Brynbach au Pays de Galles, étudient à Rake Manor, près de Milford dans le Surrey. Les jeunes filles, les Volontaires françaises, sont quant à elles hébergées à Mayfair, 40, Hill Street, puis à Moncorvo House.

Quand Albion logea Marianne

Entre juin 1940 et mai 1943, jusqu'à ce que la France Libre s'installe à Alger, Albion logea Marianne : dans les deux sens du mot. La République française et les Français Libres trouvèrent à Londres le refuge que Victor Hugo avait trouvé à Guernesey à l'époque de son exil. Et, plus encore que par le débarquement de juin 1944, le premier mot de notre devise républicaine ne garda son sens que grâce à l'esprit de résistance et de ténacité du peuple anglais, qui vécut les affres de la bataille d'Angleterre pendant l'été 1940 et ensuite, pendant neuf mois, entre septembre 1940 et mai 1941, l'enfer du Blitz : malgré les bombardements monstrueux de Londres, de Coventry, de Birmingham, de Southampton, de Bristol, de Plymouth, de Liverpool et des autres villes martyres, le peuple britannique continua à soutenir son gouvernement et à préserver dans le sang, dans la sueur et dans les larmes ce qui constitua bel et bien la tête de pont occidentale de la libération du monde.

Nos deux vieux peuples, nos deux grands peuples demeurent liés l'un à l'autre. Ils succomberont tous les deux ou bien ils gagneront ensemble.

Charles de Gaulle, Discours à la BBC, 8 juillet 1940

Seamore Grove

8 Seamore Grove (aujourd'hui 7 Curzon Place)
Londres, 17 juin 1940

Seamore Grove a hébergé les premières heures de la France Libre. La petite maison mansardée de deux étages située au fond d'une impasse proche de Hyde Park a été rasée en l'an 2000, en même temps que ses voisines, pour laisser la place à 10 000 mètres carrés de bureaux et 40 appartements. Un immeuble de verre a remplacé l'appartement prêté par l'un des anciens collaborateurs du Général et qui hébergea ses premiers bureaux. De Gaulle y travaille quelques jours en juin 1940. Il y reçoit les premiers volontaires de la France Libre et y peaufine le discours de son Appel du 18 juin.

Hôtel Rubens

Hôtel Rubens, 39 Buckingham Palace Road
Londres, 17 juin 1940

L'hôtel Rubens a conservé sa belle façade, mais il a perdu le mur de protection censé protéger son entrée des bombardements et des éclats de bombes. Sur le site Web de cet hôtel, aucune allusion n'est faite au bref séjour du Général ni à celui de sa famille qui venait de le rejoindre à Londres. Ils y passèrent pourtant deux semaines, dans la chambre 87, et surtout la nuit qui précéda le premier appel lancé sur les ondes de la BBC ; le manuscrit du discours doit certainement autant à cette adresse qu'à celle du bureau de Seamore Grove.

Hôtel Rubens : le portier, la porte de la chambre de Charles de Gaulle et son téléphone personnel.

« Nous étions les seuls étrangers de l'hôtel. Ma mère dînait souvent dans sa chambre avec ma sœur Élisabeth à cause d'Anne qui, autrement, aurait dérangé les convives.

Philippe de Gaulle, *De Gaulle mon père*

St Stephen's House

St Stephen's House Bridge Street
Londres, 23 juin 1940

Les deux pièces de l'appartement de Seamore Grove sont trop petites pour la France Libre et pour son bureau de recrutement. Le Général trouve à St Stephen's House les pièces qui lui manquent, donnant sur Victoria Embankment et sur la Tamise, en face du Parlement et de Big Ben, dans un petit immeuble sale et vétuste, avant de trouver plus grand encore un mois plus tard à Carlton Gardens. Ces locaux prêtés par Edward Spears, officier de liaison entre les gouvernements français et britannique, qui a accompagné le Général lorsqu'il est revenu de Bordeaux à Londres, n'existent plus : St Stephen's House a été détruite en même temps que la Chambre du Palais. Elles ont été remplacées par la maison Portcullis, où sont aménagés aujourd'hui les bureaux des députés.

Carlton Gardens

4 Carlton Gardens
Londres, 22 juillet 1940

À partir du 22 juillet 1940, la France Libre loue cet immeuble situé aux abords de St James Park et du palais de Buckingham, pour un loyer de 850 livres par mois. De Gaulle y installe 70 bureaux et investit d'autres locaux du quartier. Carlton Gardens reste le siège de son gouvernement jusqu'en 1943. Chaque jour, lorsqu'il a déjeuné à l'hôtel Connaught, il parcourt à pied, par Berkeley Square, Piccadilly et St James, les 1 500 mètres qui séparent l'hôtel de son bureau ; souvent les passants le regardent, le reconnaissent et le saluent.

« C'est là que déferlait sur nous, jour après jour, la vague des déceptions. Mais c'est là, aussi, que venait nous soulever au-dessus de nous-mêmes le flot des encouragements.

Charles de Gaulle, *Mémoires de guerre*

Nous travaillions, mes collaborateurs et moi, à St Stephen's House, sur l'« embankment » de la Tamise, dans un appartement meublé de quelques tables et chaises.

Charles de Gaulle, *Mémoires de guerre*

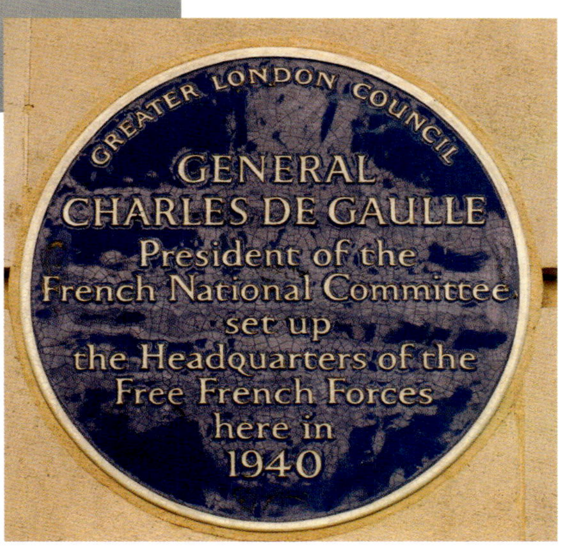

Je me souviens d'une grande fenêtre à sa gauche derrière son fauteuil et d'une grande cheminée imposante avec un petit bronze équestre du maréchal Foch à sa droite, devant un grand panneau recouvert d'une carte de France. Sur un autre mur, figure une projection géographique du monde. En face de lui, trois classiques fauteuils de cuir marron pour les visiteurs. L'immeuble a l'apparence du siège social de quelque compagnie d'assurances.

Philippe de Gaulle, *De Gaulle mon père*

Birchwood Road

41 Birchwood Road, Petts Wood, Kent
juillet 1940

L'hôtel Rubens est trop exigu pour la famille du Général, qui émigre vers le Kent en juillet 1940, dans les cinq pièces d'une maison de style Tudor, une petite villa de banlieue accessible en métro, au sud-est de Londres. La maison comporte trois chambres à coucher, un salon de style oriental qui rappelle le Liban, et une salle à manger meublée en chêne. Yvonne y joue de la machine à coudre pour habiller sa progéniture et du plumeau… Le loyer mensuel est de 14 livres, 1 shilling et 8 pence.

Gadlas Hall

Gadlas Hall, Ellesmere, Shropshire
août 1940

Le Blitz terrorise Anne, née handicapée. Petts Wood est menacé par les bombardements allemands. Fin septembre 1940, la famille du Général s'installe à huit heures de train de Londres, près d'Ellesmere dans le Shropshire, entre Birmingham et Liverpool, dans « Gadlas Hall », maison sans confort située dans un vaste parc, dans le village de Dudleston Heath. De Gaulle les y rejoint les week-ends, quand son emploi du temps le lui permet, et lorsqu'il n'est pas en Afrique. Le jardin comporte un potager, un petit étang et des arbres fruitiers. Yvonne jardine avec acharnement pour que des fruits et des légumes améliorent l'ordinaire en ces temps de rationnement. Les cyclamens envahissent les pelouses à l'automne. Avec l'hiver, la maison devient glacée. On finit par y installer le téléphone et le courant électrique. Yvonne se sent parfois si seule dans cette maison sinistre où son mari vient si rarement, écrasé qu'il est par ses combats quotidiens et par ses incessants voyages.

Gadlas Hall

“ *Le logis ne paie pas de mine. On imaginerait facilement qu'il ait pu être construit par un petit fonctionnaire londonien retraité recherchant le grand air et la solitude. Il est composé de trois modestes pavillons accolés en briques d'un seul étage, agrémenté d'un jardin et d'une pièce d'eau assez exiguë, mais qui inquiète ma mère parce qu'elle craint que ma sœur infirme y tombe, bien qu'on la surveille sans cesse. Le confort est rudimentaire. On s'éclaire à la lampe à pétrole et on se chauffe au bois. Pas de voisins à moins de 500 mètres.*

Philippe de Gaulle, *De Gaulle mon père*

Birchwood Road

“ *Ma mère a trouvé facilement à louer ce modeste meublé auprès d'un représentant en papiers peints pour un prix assez bas : environ 70 livres mensuelles payées d'avance avec préavis d'un mois en cas de congé. Le poste de radio faisait partie de la location !*

Philippe de Gaulle, *De Gaulle mon père*

Les visites en famille étaient souvent perturbées par le Blitz. Nous devions nous réfugier à l'endroit que nous imaginions le plus protégé de notre cottage : sous l'escalier, faute de cave... Je vois encore mon père rejoindre calmement notre abri illusoire comme s'il avait tout son temps. Chaque explosion secoue la maison mais nos nerfs tiennent bon. Une bombe soufflera une villa au bout de notre rue.

Philippe de Gaulle, *De Gaulle mon père*

Rodinghead Astridge Park

Rodinghead Astridge Park, Berkhamstead, Shrewdury
octobre 1941

Gadlas Hall était trop loin de Londres ; ce cottage, cette gentilhommière Tudor à un étage située dans le Hertfordshire, à 50 kilomètres au nord-ouest de Londres et à 35 minutes de train de la capitale, héberge la famille de Gaulle pendant l'hiver 1941-1942. Le Général s'y rend le samedi soir, en emportant des dossiers, pour y retrouver sa famille et s'y mettre « en civil ». La maison est beaucoup plus luxueuse que celle d'Ellesmere. Elle est dotée d'un poulailler, d'un piano et d'un poste de TSF ! À la fin de l'hiver 1942, de Gaulle y est terrassé par une grave crise de paludisme. C'est aussi là que le reportage de propagande ordonné par Churchill vient surprendre quelques scènes de sa vie privée pendant l'été suivant.

Hôtel Connaught

Hôtel Connaught, Londres
août 1940/septembre 1942

Le Figaro du 26 mars 2008 nous apprend que cet hôtel vient d'accueillir un chef « deux étoiles » : il ne s'agit plus de Charles de Gaulle bien sûr, mais d'Hélène Darroze qui dirige aujourd'hui les cuisines de l'hôtel… Après avoir habité un pied-à-terre 15 Grosvenor Square, le Général vit deux ans dans une chambre dotée d'un salon, au quatrième étage de cet établissement plus confortable que l'hôtel Rubens et situé sur Carlos Place, dans le quartier chic de Mayfair, à deux pas de Hyde Park et de Park Lane, à proximité de ses bureaux de Carlton Gardens. Il se déplace dans une voiture Renault immatriculée FKF 500.

Hôtel Connaught

> *Rodinghead. Un vieux Lord de retour des Indes aurait pu l'avoir habitée. Cossue, elle avait une allure de manoir seigneurial. Un local garni de fusils de chasse donnait sur le vestibule d'entrée.*
>
> Philippe de Gaulle, *De Gaulle mon père*

Rodinghead

« Le choix, qu'avait fait Serreulles, du Connaught était excellent. Résidence aristocratique qui ne comptait pas plus d'une soixantaine de chambres, où depuis l'ère victorienne les « county families » descendaient quand elles venaient faire leurs courses à Londres. La clientèle restait la même : vieux couples maintenant chassés de leurs résidences effondrées de Mayfair et de Belgravia, vieilles demoiselles qui partaient tôt et rentraient tard le soir en uniformes verts des Women's Voluntary Service après avoir roulé toute la journée au volant de leurs voitures réquisitionnées, vieux gentlemen qui, à l'inverse, partaient tôt le soir et rentraient tard le matin, le casque battant sur la hanche, après avoir guetté sur un toit l'arrivée des avions allemands ou pris leur place dans leur équipe de pompiers volontaires…

François Coulet, *Vertu des temps difficiles*, Plon, 1967

« Le Général arrivait à 9 heures de la maison qu'il habitait à Hampstead avec Madame de Gaulle et ses deux filles, Élisabeth et Anne. Après un salut au garde en faction, il grimpait les escaliers jusqu'au palier où trois portes desservaient son bureau, celui de Gaston Palewski et celui que se partageaient les deux aides de camp. Le bureau du Général et le nôtre étaient deux pièces gigantesques et très hautes de plafond avec des fenêtres à la française qui donnaient sur St James Park. Le Général rejoignait Hampstead après 20 heures lorsqu'il ne tenait pas un dîner à Carlton Gardens pour honorer un hôte de marque.

François Charles-Roux

Hampstead

99, puis 65 Frognal Street, Hampstead, Londres
septembre 1942

Yvonne exténuée par des allers et retours incessants a voulu se rapprocher à la fois de Londres et d'Oxford où Élisabeth va poursuivre ses études. Frognal Street tient son nom de *frog*, grenouille en anglais, car cette rue de Hampstead a été construite sur l'emplacement d'un ancien marécage rempli de batraciens. Ce lieu situé au nord de Londres semble prédestiné pour accueillir la famille du chef de la France Libre, puisque les Anglais ont toujours baptisé les Français les « *frogs* », les grenouilles, sans doute pour leur reprocher leur tempérament sautillant et leurs habitudes alimentaires de « mangeurs de grenouilles » ! La famille de Gaulle habite pendant 10 mois dans ce quartier du nord de Londres une villa avec jardin et tourelle, qui s'est transformée depuis… en couvent. Un soir de février 1943, c'est à Hampstead que le Général reçoit Jean Moulin à dîner avec d'autres hommes de l'ombre et de la France Libre, et qu'il profite de ce moment de convivialité pour lui remettre la croix de la Libération. En juillet 1943, Yvonne fermera Hampstead pour rejoindre son mari à Alger.

Hampstead

Gagner la paix !

Après avoir gagné la guerre, il faudra gagner la paix. De façon durable. Au-delà des totalitarismes éradiqués par la guerre et de ceux qui lui auront provisoirement survécu, au-delà du nazisme défait, du stalinisme persistant, du socialisme dévoyé, du capitalisme malade et des religions chahutées, dans quel monde vivront les hommes du XXe siècle ?

« L'avenir de notre civilisation dépend de la manière dont la paix sera faite quand nous aurons gagné cette guerre. Parce que notre civilisation est une, la paix devra être une et indivisible. La liberté pour tous, l'égalité des droits et des devoirs, la fraternité entre tous les peuples, telles sont les notions morales, simples et magnifiques, sur lesquelles le monde peut se rassembler et qui, par conséquent, fournissent les seules bases possibles à une paix humaine.

Charles de Gaulle, *Message aux Américains*, 15 novembre 1943

La conférence d'Anfa. Giraud, Roosevelt, de Gaulle et Churchill, Casablanca, janvier 1943.

Le destin du Monde

Charles de Gaulle sait bien que le monde a changé d'échelle et que la tragédie qui se joue n'est que le premier épisode d'une aventure qui ne se limitera pas aux conséquences d'une défaite provisoire, pas plus qu'elle ne s'arrêtera au moment de la revanche, et de la victoire finale qu'il espère.

> *Le destin du Monde est là.*
>
> Charles de Gaulle, 18 juin 1940

Cette guerre n'est pas limitée au territoire malheureux de notre pays. Cette guerre n'est pas tranchée par la bataille de France. Cette guerre est une guerre mondiale.

Charles de Gaulle, 18 juin 1940

La guerre que nous faisons n'est pas seulement une bataille entre des armées. Elle est la lutte du mensonge contre la vérité, de l'ombre contre la lumière, du mal contre le bien. Nous ne la gagnerons qu'à la condition d'attaquer le mal, de percer l'ombre, de poursuivre le mensonge. L'archange même sera vaincu s'il se laisse prendre aux artifices de Lucifer.

Discours du général de Gaulle à la radio de Londres, 18 avril 1942

La France à refaire

Après avoir gagné la guerre, il faudra gagner la paix. Dans quelle France vivront les hommes après la défaite du nazisme?

« Maintenant la France est à reconquérir. Après quoi elle sera à refaire et c'est pourquoi l'âme de la France cherche et appelle à travers l'univers ceux qui savent ce qu'elle est, ce qu'elle veut, tout ce que, siècle après siècle, elle a su faire pour les autres. L'âme de la France cherche et appelle votre secours.

Discours du général de Gaulle à la radio de Londres, 1er août 1940

Oui, la France se relèvera. Elle se relèvera dans la liberté. Elle se relèvera dans la victoire. Dans l'Empire, dans le monde, ici même, des forces françaises se forment et s'organisent. Un jour viendra où nos armes, reforgées au loin, mais bien aiguisées, se joignant à celles que se feront nos alliés, et peut-être à d'autres encore, reviendront triomphantes sur le sol national. Alors, oui, nous referons la France!

Discours du général de Gaulle à la radio de Londres, 26 juin 1940

Dans le secret de ses douleurs, il se crée, en ce moment même, une France entièrement nouvelle, dont les guides seront des hommes nouveaux. Les gens qui s'étonnent de ne pas trouver parmi nous des politiciens usés, des académiciens somnolents, des hommes manégés par les combinaisons, des généraux épuisés de grades, font penser à ces attardés des petites cours d'Europe qui, pendant la grande Révolution française, s'offusquaient de ne pas voir siéger Turgot, Necker et Loménie de Brienne au Comité de Salut public.

Discours prononcé à Londres au déjeuner du « National Defense Public Interest Committee », 1er avril 1942

L'organisation des termitières

Dans un univers de masse, surpeuplé, mécanisé, mondialisé, comment sauverons-nous l'ordre social ? Comment sauverons-nous l'individu de la jungle des ego, aussi bien que des dangers de la collectivisation, des totalitarismes, de l'individualisme à outrance et des esprits de système ? Telle est la véritable question qui sous-tend chacun des appels de Londres, émis sur les ondes de la BBC par le général de Gaulle.

> *Il reste à savoir si, dans la conjugaison du système nazi et du dynamisme allemand, il n'y a eu qu'un hasard, ou si cette rencontre même ne fut pas comme l'aboutissement d'un mal plus général, tranchons le mot, d'une crise de la civilisation.*
>
> Charles de Gaulle, Oxford, 25 novembre 1941

Porter le même uniforme, marcher au pas, chanter en chœur, saluer d'un geste identique, s'émouvoir collectivement du spectacle que se donne à elle-même la foule dont on fait partie, cela tend à devenir une sorte de besoin chez nos contemporains. Or, c'est dans ces tendances nouvelles que les dictateurs ont cherché et trouvé le succès de leurs doctrines et de leurs rites. Assurément, ils ont réussi d'abord parmi les peuples qui, dans l'espoir de saisir la domination sur les autres, ont adopté d'enthousiasme l'organisation des termitières. Mais il ne faut pas se dissimuler que l'évolution elle-même offre à l'Ordre dit nouveau d'extraordinaires facilités et à ses champions de chroniques tentations.

Charles de Gaulle, Oxford, 25 novembre 1941

L'individu menacé

Charles de Gaulle avait la prescience, dès novembre 1941, de ce qui caractérisera la société de masse des années 2000. Standardisation et formatage à outrance de la mode vestimentaire, de l'habitat, des transports publics, des comportements alimentaires, des divertissements et des outils de communication…

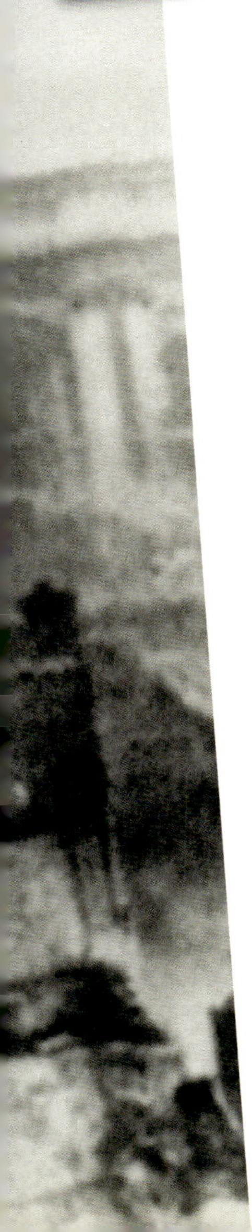

Il faut convenir, en effet, que dans l'époque moderne la transformation des conditions de la vie par la machine, l'agrégation croissante des masses et le gigantesque conformisme collectif qui en sont les conséquences battent en brèche les libertés de chacun. Dès lors que les humains se trouvent soumis, pour leur travail, leurs plaisirs, leurs pensées, leurs intérêts, à une sorte de rassemblement perpétuel, dès lors que leur logement, leurs habits, leur nourriture, sont progressivement amenés à des types identiques, dès lors que tous lisent en même temps la même chose dans les mêmes journaux, voient, d'un bout à l'autre du monde, passer sous leurs yeux les mêmes films, entendent simultanément les mêmes informations, les mêmes suggestions, la même musique, radiodiffusées, dès lors qu'aux mêmes heures les mêmes moyens de transport mènent aux mêmes ateliers ou bureaux, aux mêmes restaurants ou cantines, aux mêmes terrains de sport ou salles de spectacle, aux mêmes buildings, « blocks » ou « courts », pour y travailler, s'y nourrir, s'y distraire ou s'y reposer, des hommes et des femmes pareillement instruits, informés, pressés, préoccupés, vêtus, la personnalité propre à chacun, le quant-à-soi, le libre choix n'y trouvent plus du tout leur compte. Il se produit une sorte de mécanisation générale, dans laquelle, sans un grand effort de sauvegarde, l'individu ne peut manquer d'être écrasé.

Et d'autant plus que les masses, loin de répugner à une telle uniformisation, ne laissent pas, au contraire, d'y pousser et d'y prendre goût. Les hommes de mon âge sont nés depuis assez longtemps pour avoir vu se répandre, non point seulement l'obligation, mais encore la satisfaction de l'existence agglomérée.

Charles de Gaulle, Oxford, 25 novembre 1941

La révolution de l'entraide

Finiront-ils par oublier, ces hommes de bonne volonté qui survivront au général de Gaulle, qu'il aura été à sa manière un grand humaniste, un grand révolutionnaire, apôtre du dévouement, du désintéressement et de l'entraide, à la fois grand ennemi du collectivisme et du libéralisme débridé ?

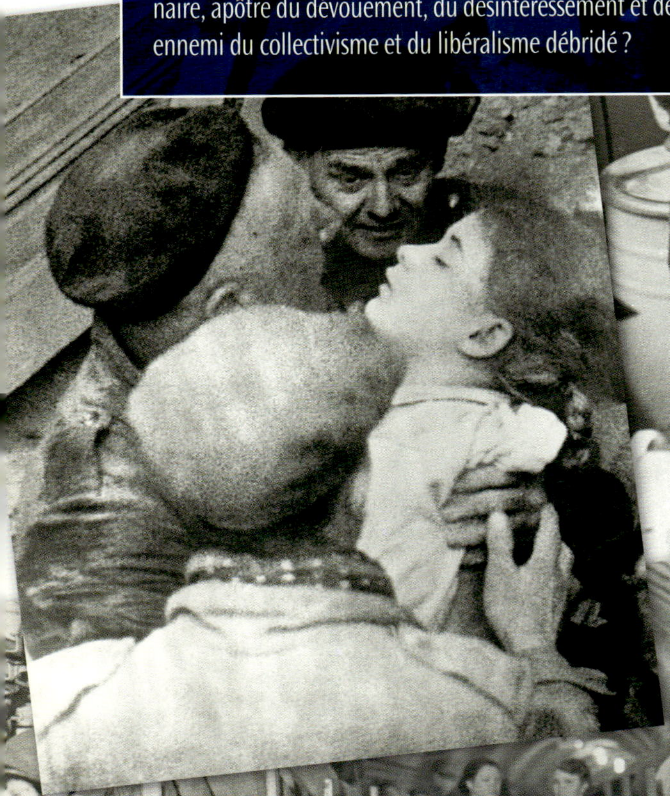

« Une nation dont les hommes, les femmes, les enfants, sont affamés, mal vêtus, point chauffés, dont 2 millions de jeunes gens sont tenus captifs, pendant des mois et des années, dans des baraques de prisonniers, des camps de concentration, des bagnes ou des cachots, une nation à qui ne sont offerts, comme solution et comme espérance, que le travail forcé pour le compte de l'ennemi, le combat contre ses propres enfants et ses fidèles alliés, le repentir d'avoir osé se dresser face aux frénésies conquérantes de Hitler et le rite des prosternations devant l'image du Père-la-Défaite, cette nation est nécessairement un foyer couvant sous la cendre. Il n'y a pas le moindre doute que, de la crise terrible qu'elle traverse, sortira, pour la Nation française, un vaste renouvellement.

Discours de l'Albert Hall, Londres, 11 novembre 1941

De cette victoire certaine, de notre victoire, nous entendons, nous, les Français Libres, qu'une France nouvelle doit sortir. Une telle guerre est une révolution, la plus grande de toutes celles que le monde a connues. Ce que nous apportons, nous, les Français Libres, d'actif, de grand, de pur, nous voulons en faire un ferment. Nous, les Français Libres, entendons faire lever un jour une immense moisson de dévouement, de désintéressement, d'entraide.

Discours prononcé à la radio de Londres, 29 novembre 1940

Gagner la paix sociale

Finiront-ils par oublier, ces hommes de bonne volonté qui survivront au général de Gaulle, qu'il plébiscitait déjà, depuis Londres, la mise en œuvre d'un véritable système de sécurité sociale ?

“Quand cette guerre a commencé, beaucoup d'hommes dans le monde ont cru qu'elle n'était qu'un conflit d'ambitions politiques et qu'elle se réglerait comme jadis par des déplacements de frontières et des indemnités. Aujourd'hui, le monde entier voit qu'elle oppose des idéaux et qu'il s'agit d'une crise profonde de l'humanité. C'est pourquoi, si les démocraties entendent écraser à tout prix ceux qui ont déchaîné ces malheurs, elles veulent aussi que l'énorme dépense de sang, de larmes et d'efforts ait finalement sa récompense et son utilité. Elles veulent gagner la guerre et la paix.

Discours à New York, 8 juillet 1942

Nous voulons que les Français puissent vivre dans la sécurité. À l'extérieur, il faudra que soient obtenues, contre l'envahisseur séculaire, les garanties matérielles qui le rendront incapable d'agression et d'oppression. À l'intérieur, il faudra que soient réalisées, contre la tyrannie du perpétuel abus, les garanties pratiques qui assureront à chacun la liberté et la dignité dans son travail et dans son existence. La sécurité nationale et la sécurité sociale sont, pour nous, des buts impératifs et conjugués.

Déclaration publiée dans les journaux clandestins en France, 23 juin 1942

La révolution d'intérêt général

Finiront-ils par oublier, ces hommes de bonne volonté qui survivront au général de Gaulle, qu'il pressentait depuis Londres, 60 ans avant l'an 2000, les excès du pseudo-libéralisme, le triomphe de la loi de la jungle, et qu'il plébiscitait déjà une véritable révolution sociale dont il ne savait pas à quel point elle cadrerait avec les enjeux et les défis du début du troisième millénaire ? Ses pensées visionnaires des années quarante seraient réaffirmées dans ses écrits d'homme d'État, lorsqu'il rappellerait que « le système social qui relègue le travail au rang d'instrument et d'engrenage » était à ses yeux « en contradiction avec la nature de notre espèce ». Lorsqu'il affirmerait que le « capitalisme » parce qu'il « porte en lui-même les motifs d'uns insatisfaction massive et perpétuelle » relève d'une « infirmité morale » et qu'il faudrait bien un jour que « dans les entreprises la participation directe du personnel aux résultats et aux responsabilités devienne une des données de base de l'économie française ».

« Il convient que le travail ait dans les entreprises les mêmes droits que le capital.

1944

« C'est une révolution, la plus grande révolution de son histoire, que la France commence d'accomplir.

1er avril 1942

Tandis que le peuple français s'unit pour la victoire, il s'assemble pour une révolution.

23 juin 1942

« Les grandes sources de la richesse commune doivent être dirigées et exploitées non point pour le profit de quelques-uns, mais pour l'avantage de tous. Il importe que les coalitions d'intérêts qui ont tant pesé sur la condition des hommes et sur la politique même de l'État soient abolies une fois pour toutes.

Charles de Gaulle, 12 septembre 1944

La libération du pays devrait être accompagnée d'une profonde transformation sociale. […] Ou bien il serait procédé, d'office et rapidement, à un changement notable de la condition ouvrière et à des coupes sombres dans les privilèges de l'argent, ou bien la masse souffrante et amère des travailleurs glisserait à des bouleversements… Nous voulons la mise en œuvre collective de ce que nous possédons. Nous voulons que ce soit l'État qui conduise, au profit de tous, l'effort économique. Il n'est plus possible d'admettre ces concentrations d'intérêts qu'on appelle les trusts.

Charles de Gaulle, *Mémoires de guerre*, Lille, 1er octobre 1944

« Un régime économique et social tel qu'aucun monopole, aucune coalition ne puisse peser sur l'État, où les principales sources de la richesse commune soient ou bien administrées, tout au moins contrôlées par la nation, où les libres groupements de travailleurs et de techniciens soient organiquement associés à la marche des entreprises.

Charles de Gaulle, 20 avril 1943

Les épreuves de la guerre devront aboutir à un vaste changement dans la condition humaine ; si on ne fait rien dans ce sens on rendra inévitable le glissement des masses vers le totalitarisme communiste.

Charles de Gaulle, Alger, 15 mars 1944

Des nations unies pour un monde meilleur

Finiront-ils par oublier, ces hommes de bonne volonté qui survivront au général de Gaulle, qu'il plébiscitait déjà, depuis Londres, la mise en œuvre d'une alliance des nations qui ne se résume pas à un « machin » instrumentalisé par les uns ou méprisé par les autres et où aucun pays ne se contente d'occuper un strapontin ?

« Aujourd'hui comme toujours, ce sont les idées qui mènent le monde. Et puisque cette guerre n'est plus une guerre des États, non plus même une guerre des peuples, mais bien une guerre des hommes, les idées qui inspireront la paix doivent être à l'échelle de l'humanité.

De Gaulle à New York, 8 juillet 1942.

À l'occasion de l'ouverture de la « Semaine de la France Libre » organisée à New York par l'association interalliée « Freedom House », le général de Gaulle prononce une allocution en anglais, que la Columbia Broadcasting Corporation radiodiffuse en Amérique.

« Nous voulons que l'organisation mécanique des masses humaines, que l'ennemi a réalisée au mépris de toute religion, de toute morale, de toute charité, sous prétexte d'être assez fort pour pouvoir opprimer les autres, soit définitivement abolie.

Nous voulons que cette guerre, qui affecte au même titre le destin de tous les peuples et qui unit les démocraties dans un seul et même effort, ait pour conséquence une organisation du monde établissant, d'une manière durable, la solidarité et l'aide mutuelle des nations dans tous les domaines. Et nous entendons que la France occupe, dans ce système international, la place éminente qui lui est assignée par sa valeur et par son génie.

Charles de Gaulle,
Déclaration publiée en France dans les journaux clandestins de la zone occupée, 23 juin 1942

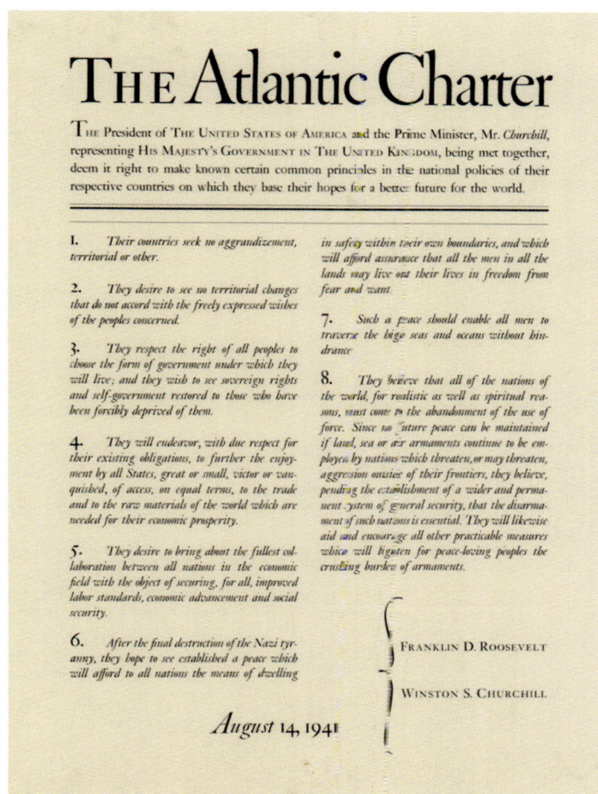

THE Atlantic Charter

THE President of THE UNITED STATES OF AMERICA and the Prime Minister, Mr. *Churchill*, representing HIS MAJESTY'S GOVERNMENT IN THE UNITED KINGDOM, being met together, deem it right to make known certain common principles in the national policies of their respective countries on which they base their hopes for a better future for the world.

1. *Their countries seek no aggrandizement, territorial or other.*

2. *They desire to see no territorial changes that do not accord with the freely expressed wishes of the peoples concerned.*

3. *They respect the right of all peoples to choose the form of government under which they will live; and they wish to see sovereign rights and self-government restored to those who have been forcibly deprived of them.*

4. *They will endeavor, with due respect for their existing obligations, to further the enjoyment by all States, great or small, victor or vanquished, of access, on equal terms, to the trade and to the raw materials of the world which are needed for their economic prosperity.*

5. *They desire to bring about the fullest collaboration between all nations in the economic field with the object of securing, for all, improved labor standards, economic advancement and social security.*

6. *After the final destruction of the Nazi tyranny, they hope to see established a peace which will afford to all nations the means of dwelling in safety within their own boundaries, and which will afford assurance that all the men in all the lands may live out their lives in freedom from fear and want.*

7. *Such a peace should enable all men to traverse the high seas and oceans without hindrance.*

8. *They believe that all of the nations of the world, for realistic as well as spiritual reasons, must come to the abandonment of the use of force. Since no future peace can be maintained if land, sea or air armaments continue to be employed by nations which threaten, or may threaten, aggression outside of their frontiers, they believe, pending the establishment of a wider and permanent system of general security, that the disarmament of such nations is essential. They will likewise aid and encourage all other practicable measures which will lighten for peace-loving peoples the crushing burden of armaments.*

FRANKLIN D. ROOSEVELT
WINSTON S. CHURCHILL

August 14, 1941

Le triomphe de l'esprit sur la matière

En mai 1940, alors que le colonel de Gaulle arrive à enfoncer les lignes allemandes avec ses blindés tant à Montcornet qu'à Abbeville, Saint-Exupéry survit à une mission suicide au-dessus d'Arras. Le seul rendez-vous que n'aura pas manqué Charles de Gaulle avec l'auteur du *Petit Prince* aura été celui de l'écriture, qui lui fit décrire, comme lui et après lui, avec 70 ans d'avance, les enjeux du troisième millénaire.

« *Si complète que puisse être un jour la victoire des armées, des flottes, des escadrilles des nations démocratiques, si habile et prévoyante que se révèle ensuite leur politique vis-à-vis de ceux qu'elles auraient, cette fois encore, abattus, rien n'empêchera la menace de renaître plus redoutable que jamais, rien ne garantira la paix, rien ne sauvera l'ordre du monde, si le parti de la Libération, au milieu de l'évolution imposée aux sociétés par le progrès mécanique moderne, ne parvient pas à construire un ordre tel que la liberté, la sécurité, la dignité de chacun y soient exaltées et garanties, au point de lui paraître plus désirables que n'importe quels avantages offerts par son effacement. On ne voit pas d'autre moyen d'assurer en définitive le triomphe de l'esprit sur la matière. Car, en dernier ressort, c'est bien de cela qu'il s'agit.*

Charles de Gaulle, Oxford, 25 novembre 1941

❝ Cette communauté humaine, je ne l'habitais plus en architecte. […] J'y logeais en sacristain ou en chaisière. Donc en parasite. Donc en vaincu. […] Le tir a brisé une écorce. […] Je n'étais que le gérant grincheux. C'est ça, l'individu. Mais l'homme est apparu. Il s'est installé à ma place tout simplement. […] Je ne découvre rien, mais, comme au sortir du sommeil, je revois simplement ce que je ne regardais plus.

Antoine de Saint-Exupéry, *Pilote de guerre*

Rendre aux hommes une signification spirituelle, des inquiétudes spirituelles, faire pleuvoir sur eux quelque chose qui ressemble à un chant grégorien. On ne peut vivre de frigidaires, de politique, de bilans et de mots croisés, voyez-vous ! On ne peut plus vivre sans poésie, couleur ni amour.

Antoine de Saint-Exupéry, *Lettre au général X*, 1944

Conclusion

Soixante-dix ans après l'Appel du 18 juin, il faut réécouter le général de Gaulle. Il faut relire tous ses autres appels de Londres et, en particulier, ses propos visionnaires dans ses discours radiophoniques diffusés entre 1940 et 1943 et transportés par les ondes de la BBC dans les foyers de la France de l'ombre et dans le reste du monde. Il y a 70 ans, Charles de Gaulle cherchait déjà à bâtir la paix du XXIe siècle. Il ébauchait les contours d'un contrat social qui n'a rien perdu de sa pertinence. N'oublions jamais que, dans les heures les plus sombres de notre histoire, cet homme s'est fait le passeur du souffle de la liberté. N'oublions jamais qu'il s'est mis en mesure de déplacer des montagnes et de vaincre ce que Winston Churchill appelait le « fléau pestilentiel de la tyrannie nazie ». N'oublions jamais qu'il a pu transmettre son souffle républicain grâce au sacrifice, grâce à la bravoure du peuple anglais, qui refusa, sous l'apocalypse des bombes incendiaires du nazisme, de se désolidariser de son Premier ministre et de son roi. À côté des Français Libres et des résistants, à côté des « indigènes » des anciennes colonies françaises, n'oublions jamais d'unir dans nos pensées les victimes anglaises du Blitz de 1940, les victimes anglaises et canadiennes du débarquement de Dieppe en 1942, les Américains, les Canadiens, les Anglais du débarquement du 6 juin 1944 et de la bataille de Normandie, sans lesquels le souffle de la liberté transmis par un pauvre général solitaire et courageux n'aurait jamais pu trouver son ampleur. Le coquelicot et le bleuet sont les fleurs du souvenir des deux grandes guerres mondiales du XXe siècle : le premier nous rappelle les couleurs de l'Angleterre et du Canada ; le second, les couleurs de la France. Qu'ils soient à jamais unis dans nos mémoires.

Jean-Pierre Guéno

Remerciements

Jean-Pierre Guéno, auteur et iconographe de cet ouvrage, tient particulièrement à remercier l'amiral Philippe de Gaulle, Olivier Orban, Michel Tauriac, Benoît Yvert, Marie de Lattre et Grégory Berthier-Gabrièle, Isabelle Pallot-Frossard, Jérôme Pecnard pour la sensibilité de sa mise en images, la Fondation Charles de Gaulle et, en particulier, Sharon Elbaz et Catherine Trouillet, le Musée national de l'Ordre de la Libération et, en particulier, Vladimir Trouplin, la Fondation de la France Libre, et les banques d'images Eyedea, Corbis, Bridgeman, Roger-Viollet, Rue des Archives.

Bibliographie

Charles de Gaulle, *Mémoires de guerre*, Pocket, 2006. — Charles de Gaulle, *Mémoires d'espoir*, Omnibus, 1999. — Charles de Gaulle, *Lettres, notes et carnets*, Plon, 1981. — Charles de Gaulle, *Le Fil de l'épée et autres écrits*, Omnibus, 1999. — Charles de Gaulle, *Les Grands Discours de guerre*, préface de Régis Debray, Perrin, 2010. — Philippe de Gaulle, *De Gaulle*, Omnibus, 1990. — Philippe de Gaulle et Michel Tauriac, *De Gaulle mon père*, Pocket, 2005. — Philippe de Gaulle et Michel Tauriac, *Mon père en images*, Michel Lafon, 2006. — Encyclopédie en fascicules, *En ce temps-là de Gaulle*, sous la direction d'André Frossard, Femmes d'aujourd'hui, Plon, 1971. — Claire Andrieu, *Dictionnaire de Gaulle*, Robert Laffont, 2006. — Philippe d'Argencé, *De Gaulle et les Français*, Éditions de la Martinière, 2004. — Philippe Barthelet, *Charles de Gaulle jour après jour*, Nathan, 1991. — François Coulet, *Vertu des temps difficiles*, Plon, 1966. — André Dewavrin, *Souvenirs*, Solar, 1947-1951. — Claude Hettier de Boislambert, *Les Fers de l'espoir*, Plon, 1978. — Élisabeth de Miribel, *La liberté souffre violence*, Plon, 1981. — Albéric de Palmaert, *Sur les pas de Charles de Gaulle*, Ouest-France, 2007. — Dominique de Roux, *L'Écriture de Charles de Gaulle*, Éditions du Rocher, 1999. — *Chroniques de l'histoire Charles de Gaulle*, Chronique, 1998. — Collectif, *Charles de Gaulle. La Conquête de l'histoire*, exposition, 16 juin-14 octobre 1990, BNF, 2002. — C. L. Foulon/J. Ostier, *Charles de Gaulle. Un siècle d'histoire*, Ouest-France, 1990. — Max Gallo, *De Gaulle : les images d'un destin*, Le Cherche Midi, 2007. — Yves Guéna, *De Gaulle*, Gründ, 2007. — Jean-Pierre Guéno, Jérôme Pecnard, *Paroles de l'ombre*, Les Arènes, 2009. — Jean-Pierre Guéno, *Paroles de l'ombre*, Librio, 2009. — Henri Guillemin, *Le Général clair-obscur*, Seuil, 1984. — Institut Charles de Gaulle, *Charles de Gaulle soldat, 1914-1918*, exposition, Péronne, Historial de la Grande Guerre, Paris, Institut Charles de Gaulle, 1999, Martelle, 1999. — Julian Jackson, *De Gaulle*, Alvik Éditions, 2004. — François Kersaudy, *De Gaulle et Churchill*, Perrin, 2003. — François Kersaudy, *Winston Churchill : le pouvoir de l'imagination*, Tallandier, 2009. — Jean Lacouture, *De Gaulle*, Seuil, 1986. — Alain Larcan, *De Gaulle : le soldat écrivain*, Textuel, 2005. — Aurélie Luneau, *Radio Londres : les voix de la liberté*, Perrin, 2005. — Robert Mangin, *De Gaulle à Londres vu par un Français Libre*, La Table ronde, 1965. — Geneviève Moll, *Yvonne de Gaulle*, Ramsay, 1999. — Jean-Paul Ollivier, *Les Derniers Chemins du Général*, Plon, 2005. — Philippe Oulmont, *De Gaulle chef de guerre : de l'appel de Londres à la libération de Paris*, Plon, 2008. — Jean-Claude Perrier, *De Gaulle vu par les écrivains*, La Table ronde, 2000. — Philippe Ratte, *Charles de Gaulle*, Nouveau Monde Éditions, 2005. — Odile Rudelle, *De Gaulle pour mémoire*, Gallimard, 1997. — Michel Tauriac, *Vivre avec de Gaulle : les derniers témoins racontent l'homme*, Plon, 2008. — Michel Tauriac, *Dictionnaire amoureux de De Gaulle*, Plon, 2010.

Crédits photographiques

© Keystone France/Eyedea

pp. 8 bas, 9 haut, 9 bas, 13 bas, 15, 16 haut, 16 bas, 17, 18, 19, 20-21, 23, 26 bas, 27, 28, 29, 30 haut, 30 bas gauche, 31, 32 haut, 32 bas, 33 © Centre national Jean Moulin/Keystone France/Eyedea, 40-41 (les 4 photos), 44 haut, 44 bas, 44-45 © Mary Evans/Keystone France, 46-47 (fond), 46 bas droite, 48 bas, 52-53, 54-55, 55, 56-57 (les 6 photos), 58, 59, 60-61, 62, 63 (les 3 photos), 64, 65, 66, 67, 74 bas, 76-77, 81, 84 bas, 87, 88 haut droite, 88 bas droite, 89, 90-91 (les 5 photos), 95, 98-99 haut, 98 bas, 102-103 (les 8 photos), 104-105 haut, 105 bas, 107, 108-109 (les 8 photos), 112-113 bas milieu, 112 bas (les 3 photos), 113 haut milieu, 113 haut droite, 117 bas © Mary Evans/Keystone-France/Mary Evans Picture Library/Keystone/Eyedea Presse, 120-121, 122, 126, 127, 128, 130 bas gauche, 130 bas droite, 131 bas gauche, 131 bas droite, 132 droite, 132 bas, 133 haut, 133 bas gauche, 133 bas droite, 134, 135, 136 gauche, 136-137 milieu © J.M. Steinlein/Keystone France, 139, 140.

© Gamma/Eyedea

pp. 8 milieu © IWM/Camera Press/Gamma, 9 milieu © Cecil Beaton/Camera Press/Gamma, 10-11 © IWM/Camera Press/Gamma, 69 © Gamma, 79 © Youssouf Karsh/Camera Press/Gamma, 110-111 © Cecil Beaton/Camera Press/Gamma, 115 bas © Maurice Rougemont/Gamma.

© Corbis

pp. 13 haut © Museum of Flight/Corbis, 14 haut © Bettmann/Corbis, 34 haut © Bettmann/Corbis, 35 haut © Bettmann/Corbis, 37 haut © Bettmann/Corbis, 38-39 fond © Bettmann/Corbis, 42-43 © Corbis, 46 bas gauche © Hulton-Deutsch Collection/Corbis, 47 bas droite © Hulton-Deutsch Collection/Corbis, 48 haut © Hulton-Deutsch Collection/Corbis, 49 © Hulton-Deutsch Collection/Corbis, 50-51 © Bettmann/Corbis, 68 © Bettmann/Corbis, 101 © Bettmann/Corbis, 123 haut © Hulton-Deutsch Collection/Corbis, 123 bas © Hulton-Deutsch Collection/Corbis, 125 bas © Corbis, 129 © Hulton-Deutsch Collection/Corbis, 130 haut © Bettmann/Corbis, 130 milieu gauche © Corbis, 132 gauche © Hulton-Deutsch Collection/Corbis.

© Rue des Archives

pp. 12 gauche © Rue des Archives/Collection Grégoire, 24 bas © Rue des Archives/Tal, 30 bas droite © Seeberger Frères/Rue des Archives, 34 bas © Rue des Archives/Tal, 36 gauche © Rue des Archives/Tal, 37 bas © Rue des Archives/Tal, 39 © Rue des Archives/Tal, 78 © Rue des Archives/Tal, 84-85 haut © Rue des Archives/AGIP, 85 bas © Rue des Archives/AGIP, 86 milieu © Rue des Archives/PVDE, 92 milieu © Rue des Archives/Tal, 92 bas © Seeberger Frères/Rue des Archives, 93 haut © Rue des Archives/PVDE, 93 bas © Seeberger Frères/Rue des Archives, 94 haut © Rue des Archives/PVDE, 97 © Rue des Archives/Tal, 112 haut © Rue des Archives/Tal, 114 © Rue des Archives/Tal, 115 haut © Rue des Archives/Tal, 138 © Rue des Archives/Tal.

© Archives de Gaulle, Paris, France/Giraudon/The Bridgeman Art Library

pp. 24 haut, 70-71 (les 5 photos), 72, 73 gauche, 74 haut, 82 haut, 83, 116-117 haut.

© Clichés, Musée national de l'Ordre de la Libération, Paris

pp. 80, 86 bas gauche, 86 bas droite, 88 milieu, 94 bas, 96 bas gauche, 96 bas droite, 100 (les 4 photos), 104 milieu.

© Roger-Viollet

pp. 8 haut © TopFoto/Roger-Viollet, 12 droite © TopFoto/Roger-Viollet, 35 bas © Roger-Viollet, 36 droite © TopFoto/Roger-Viollet, 88 haut gauche © Albert Harlingue/Roger-Viollet, 88 bas gauche © Roger-Viollet, 106 bas © Ullstein Bild/Roger-Viollet, 124 haut © LAPI/Roger-Viollet.

© Getty Images

pp. 75 haut © Hans Wild/Time Life Pictures/Getty Images, 75 bas © Hans Wild/Time Life Pictures/Getty Images, 98 milieu © Warburton/Topical Press Agency/Getty Images.

© Agence France Presse

p. 92 haut.

© Akg-images
p. 124 bas © akg-images.

© Réunion des Musées nationaux
p. 25 © Musée de l'Armée, Paris, Dist. RMN/Pascal Segrette.

© Fondation Charles de Gaulle
p. 82 milieu.

© Le Mémorial de Caen
p. 99 bas.

© Deutsches Bundesarchiv
p. 26-27 (fond).

© Éditions Phébus, droits réservés
p. 104 bas.

© Éditions Plon, droits réservés
p. 106 milieu.

© The Connaught Hotel, Londres
p. 118 milieu, 118 bas.

© St Dorothy's Residence, Hampstead, Londres
p. 119 bas.

© Collection particulière, droits réservés
pp. 14-15 milieu, 38 haut, 38 bas, 73 droite, 116 bas, 118 haut, 137 bas.

Malgré les soins apportés à la rédaction des crédits, des erreurs ou omissions peuvent apparaître. L'éditeur reste à la disposition des photographes, des personnes représentées ou de leurs ayants droit en ce qui concerne d'éventuelles sources iconographiques non identifiées.

Photogravure : Nord Compo
Achevé d'imprimer par Pollina - L53887A
pour le compte des Éditions PERRIN
76, rue Bonaparte, 75006 Paris
en avril 2010
N° d'édition : 2578
Dépôt légal : mai 2010
Imprimé en France